Nunca digas Adiós

En esta vida se nos presentan situaciones y problemas, así que nuestro propio espíritu puede también aprender y crecer.
Sin estas lecciones estamos estancados, dejamos de avanzar, dejamos de aprender.
El hecho es que mientras más obtengan nuestras almas de todas las experiencias de la vida, más cerca estaremos de Dios.

Depende de nosotros lo cerca que queramos estar de Él.

Nunca

digas Adiós

Patrick Mathews

Historias de un médium acerca de la conexión con los seres queridos

Grupo Editorial Tomo, S.A. de C.V.
Nicolás San Juan 1043,
03100, México, D.F.

1a. edición, mayo 2008.

Never Say Goodbye
Copyright © 2003 por Patrick Mathews
Published por Llewellyn Publications
2143 Wooddale Drive, Woodbury, Minnesota
55125-2989, USA

© 2008, Grupo Editorial Tomo, S.A. de C.V.
Nicolás San Juan 1043, Col. Del Valle
03100 México, D.F.
Tels. 5575-6615, 5575-8701 y 5575-0186
Fax. 5575-6695
http://www.grupotomo.com.mx
ISBN-13: 978-970-775-360-0
Miembro de la Cámara Nacional
de la Industria Editorial No 2961

Traducción: Jocelyn Garzón
Diseño de portada: Karla Silva
Formación tipográfica: Lorenza Cecilia Morales U.
Supervisor de producción: Leonardo Figueroa

Impreso en México - *Printed in Mexico*

Dedicatoria

*Este libro está dedicado a mi hermana
y mejor amiga, Kathy Mathews...
mi primer regalo de Dios.*

Contenido

Parte IV: Discernimientos

Parte V: Nunca digas adiós

Parte VI: Tu propia conexión con el otro lado

Parte VII: Las últimas palabras

Reconocimientos

Antes que nada quiero agradecer a Dios y a mi espíritu guía, Andrew. Sin todo su amor, ayuda y guía… nada de lo que hago sería posible.

A mis maravillosos y queridos padres, James y Florence Mathews. Desde el día en que nací me enseñaron con el ejemplo a seguir siempre mis sueños, ayudar a quien lo necesitara y a saber que el regalo más importante que podemos dar y recibir es el amor.

A toda mi familia que ha ofrecido su interés, amor y apoyo en este trabajo curativo que hago. Gracias.

Tío Edward… ¡mira lo que comenzaste!

Jennie y Velma, su apoyo a mi trabajo ha significado mucho para mí.

Jef "Eff" Roth… lo sé, lo sé, ¡de nada!

Gina "GG" Flowers, una gran amiga que en realidad sabe cómo manejar a una multitud.

Carolyn "Seesta" Lollar, tu cara sonriente y corazón compasivo son siempre un regalo.

Lisa Foxx, tu amistad y alma amable son de gran valor.

A pesar de que es imposible mencionar a todos los que me han dado apoyo en la realización de mi trabajo, me gustaría reconocer a unas almas especiales: Linda Kelp, Mark Bolt, Sally Owens, May-Lily Lee, Ryan Seacrest, Jude Martin, Mary Lester, Jill Lawrence, Patte Purcell, Barbara Wagaman, Karen Foster, Leeza Gibbons, Sarah Duffin, Ann Oppenheim, Cammy Farote, Kathleen Marusak, Ann Kerns... ¡su maravilloso entusiasmo ha sido muy apreciado!

A todos los que me han dado una plataforma pública para ayudar a otros. ¡Gracias!

Un saludo especial a algunos de mis amigos en espíritu: Sharon, Andy, Jimmy, Dos Plumas, Rusty, Ashley, Church... estoy tan feliz y bendecido de conocerlos.

Gracias a mi agente literario Al Zuckerman, Fay Greenfield y a todos en Writers House. Su fe en este libro ha hecho posible que el amor del otro lado alcance a muchos aquí.

Nancy Mostad, Lisa Braun, Connie Hill, Gabin Duffy, Jerry Rogers, Amy Martin y a todos en Llewellyn. Su entusiasmo por este libro puede compararse sólo con la amabilidad de sus corazones.

Mi más sincera gratitud a quienes compartieron sus historias en este libro. Sus experiencias ayudarán a muchos a entender que ese amor y las relaciones con los que están del otro lado continuarán por siempre.

Y gracias a todos los que les he dado lecturas. Ha sido un privilegio conocerlos y a sus seres amados en espíritu.

Introducción

"Tu esposo, Fred, dice que quiere aclarar algo que has leído."

Linda se sentó en silencio.

"Me está diciendo que estabas leyendo un libro que decía que si tú continuabas hablando con él, lo mantendrías contigo y no le dejarías partir."

Linda se derrumbó y comenzó a llorar.

"Sí", dijo ella. "Leí que nuestros seres amados estarán cerca de nosotros sólo por un rato y luego querrán seguir adelante."

"Linda, él me pide que te pregunte '¿adónde querría ir?', tú fuiste su vida aquí y continuarás estando ahí. ¡No se va a ir a ningún lado!, a él no le importa lo que esos libros te digan".

Linda continuó llorando, pero ahora con alivio y felicidad.

Fred quería que yo le dijera a Linda lo siguiente de forma clara y en voz alta.

Fred dice: "Linda, entiende esto… tú eres parte de mi cielo."

Como médium y a través de muchas conexiones que he hecho para la gente, lo único que encuentro sorprendente es cuánta gente cree en la vida después de la muerte, aun quienes también creen que sus seres queridos que han fallecido han terminado su conexión con ellos. La gente está tan acostumbrada a tener un lazo físico con sus seres queridos que una vez que éstos mueren, sienten o les dicen que deben "dejarlos ir" de sus emociones y conexiones. Sienten que tienen que decirles "adiós".

Yo estoy aquí para decirles que eso no es verdad.

Un alma continúa viviendo después de la muerte y, de hecho, va al cielo. Pero, ¿es el cielo un lugar lejano y distante?

No, no lo es.

Con este libro descubrirás que no existe tal cosa como tener que dejar ir a *alguien,* o que estás deteniendo a un espíritu para que *siga su camino.* Tus seres amados en espíritu son, y siempre *continuarán siendo,* parte de tu vida y nunca hay que decirles adiós.

Parte I

Descubriendo el regalo

Al crecer no tenía idea de que iba a convertirme en médium, aunque las señales estaban ahí. Conforme vayan leyendo, descubrirán que, tal como lo hice, los eventos que ocurrían en mi vida me condujeron a donde estoy ahora.

1
Primeros encuentros

Mientras crecía no tenía idea, inclusive en mis sueños más extraños, que me convertiría en médium. Ninguna idea en lo absoluto.

Así que ¿cómo y cuándo descubrí que tenía el don de comunicarme con los espíritus?

La mejor forma que puedo explicar es refiriéndome a la película de Kevin Costner, *Campo de sueños*, una de mis favoritas.

En la película, Costner hace el papel de un granjero llamado Ray Kinsella. Un día, mientras araba su maizal, Ray escuchó una voz que venía de la nada. Pensó que la voz era simplemente un invento, así que continuó trabajando; pero poco antes de que siguiera, comenzó a oír de nuevo la voz, ahora más alta y más clara, y escuchó: "Si lo construyes, él vendrá." En ese momento, Ray tiene una visión de un campo de beisbol en su maizal. Al oír este mensaje y ver esta imagen, sintió una fuerte necesidad de seguir arando su maizal para hacer que la visión se volviera realidad. ¡No se necesita ser un granjero para saber que este muchacho está loco! Pero Ray continuó con ese sentimiento profundo y en cuanto terminó con el maizal, surgió el campo de beisbol, pero construirlo no respondió a su pregunta acerca de por qué se sentía obligado a hacer esto. De hecho, eso en realidad lo llevó a tener más visiones y más preguntas.

Ray viaja en lo que parece ser una travesía sin sentido mientras sigue sus visiones y corazonadas. No es sino hasta el final de la película que ve que todas esas visiones estaban esencialmente conectadas una con otra, formando la película completa.

¿Por qué menciono esta película? No, nunca quise construir un campo de beisbol ni ser un granjero en un maizal. Pero los eventos que ocurrían en mi vida tampoco tenían ningún sentido para mí, hasta que pude ver la película completa. Fue hasta este punto que supe y entendí que mi propósito en la vida podría ayudar a la gente a conectarse con sus seres queridos que están del otro lado.

El tío Edward

Uno de mis primeros encuentros cara a cara con un espíritu fue con mi tío Edward, quien murió cuando yo tenía aproximadamente seis años. Él era hermano de mi mamá (uno de muchos) y vivía en una vieja plantación en Virginia junto con sus hermanos. Poco tiempo después de su fallecimiento, me desperté una noche a causa de un ruido. Enfrente de mí vi una figura parada junto a mi ventana. Era una imagen humana, pero aún no tenía características claras. El primer pensamiento que tuve fue que debía estar soñando, así que comencé a pellizcar mi brazo. Había escuchado que si tenías una pesadilla, pellizcándote podrías despertar de ella. Pero no, de hecho, mientras más me pellizcaba, más me lastimaba. En ese momento supe que estaba completamente despierto y viendo en realidad lo que estaba frente a mí. Eso me llevó sólo a una conclusión acerca de lo que estaba pasando y me dije: "¡Oh, Dios mío, es un fantasma!", y lo único inteligente hubiera sido correr y buscar ayuda. Tenía demasiado miedo, así que escogí la segunda mejor opción: sí, ¡esconderme bajo las cobijas! Cuando eres niño, siempre parece ser el lugar más seguro. Después de lo que pensé, tenía mucho tiempo para dejar que se fuera el fantasma, por lo que decidí mirar por debajo de mi cobija. Lo que vi no era un fantasma, sino a mi tío Edward parado ahí. No era una persona sólida, ni transparente como los fantasmas que había visto en las caricaturas. Lo mejor que puedo describirlo es que era una combinación de ambos. Aunque tenía miedo, pude ver que su cara tenía una expresión amable y eso ayudó a calmarme un poco. Recuerdo que pensé: está bien, él en verdad está aquí y en realidad lo estoy viendo. Fue una reacción madura para un niño de mi edad, pero ¿qué opción tenía? Parecía que iba a enfrentar a este fantasma yo solo, ¿qué podría hacer entonces? Sólo seguí mirándolo parado junto a mi *pelotita de hule* y parecía que no iba a ir a ningún lado. Mientras lo miraba, me vino un pensamiento. Más que un pensamiento era un mensaje, uno de Edward. Me hizo saber que estaba bien y todavía ahí, cuidando a la familia. También recuerdo el sentimiento de amor y tranquilidad que me envolvió mientras recibía su mensaje.

Pensé entonces ¿por qué yo? ¿Por qué lo estaba viendo? ¿Se le iba a aparecer a alguien más?

Me cubrí de nuevo con las viejas cobijas. Era mucho para soportar, especialmente a mitad de la noche y estando completamente solo. Comencé a pensar en él y me dije: por favor vete, por favor vete. La siguiente vez que miré, ya se había ido. ¡Entonces era mi oportunidad para escapar! Corrí al cuarto de mis papás y desperté a mi mamá. Le dije que acababa de ver a Edward y me dijo que aún nos estaba cuidando. Lo mejor de todo fue que ella nunca dudó de mí, escuchó cariñosamente todo lo que tenía que decir y aceptó mi historia de esa visita ¿y por qué no? Teniendo antecedentes de creencias en la vida después de la muerte, no era tan difícil de concebir que nuestros seres queridos estuvieran cerca y cuidando de nosotros.

Continué viendo al tío Edward ocasionalmente, cada vez me sonreía como si tuviera un secreto.

Pensando en ese tiempo, no tenía idea de que ése era sólo el principio.

Creciendo

Mis padres, "Snookie" y Florence tuvieron seis hijos, cinco hombres y una mujer. Kathy y yo fuimos los últimos. Cuando niños, y aún en el presente, éramos muy allegados. Me siento muy afortunado por haber crecido en un pequeño pueblo en Virginia. Su belleza puede compararse sólo por su rica y tan arraigada historia.

Al recordar mi niñez, parece que siempre estuve fascinado con los fantasmas. Recuerdo que mi primer juego de formas de colores que tuve fue una casa encantada. El juego consistía en pequeños búhos horripilantes, fantasmas, lápidas, hasta una luna llena que podía yo pegar alrededor de la casa encantada para crear la escena y jugaba con ello por horas.

¿Se acuerdan también de los *Kooky Spookys*? Eran títeres de plástico que brillaban en la oscuridad con forma de fantasmas que se ponían en los dedos. Los colocaba bajo la luz por unos minutos y corría hacia el clóset. El brillo espectral de color verde iluminaba el cuarto oscuro mientras mostraba mi espectáculo de títeres a la familia y amigos. ¡Amaba todo eso!

Los sábados en la mañana mi caricatura favorita era Scooby Doo. Disfrutaba las historias, las persecusiones de fantasmas y duendes, y siempre simulaba ser parte de Misterio a la orden.

Una de mis películas favoritas era *El fantasma y el señor gallina*, que protagonizaba Don Knotts. En la película se retó a Don a permanecer toda la noche en una casa embrujada que estaba cerca; ¿acaso no todos teníamos una en nuestro vecindario?

A una cuadra de donde yo vivía se encontraba una vieja casa que había estado abandonada por muchos años. Su pintura o lo que quedaba de ella ya estaba cayéndose a pedazos, al igual que sus cerraduras. Los largos escalones que conducían a la puerta frontal tenían, al parecer, hoyos de clavos cubiertos con moho, aunque nos habían dicho que eran hoyos de balas sangrientas de los gangsters que habían muerto en el lugar.

Siempre quise caminar por esa casa mientras iba a la tienda, o aventurarme a jugar con la pelota, pero nunca tuve el valor para entrar. Un día, en un desafío con mis amigos, me aguanté los nervios y entré. Tenía aproximadamente ocho años y sabía que no podía mostrar lo miedoso que realmente era. Trepé, no sin titubear, por una de las ventanas de un costado de la casa, mis compañeros decidieron ayudar empujándome hacia adentro. La puerta frontal probablemente estaba abierta, pero era mucho más emocionante entrar por una ventana. Había un extraño olor en la casa, parecido a pintura vieja y rancia. Mientras caminaba sobre el piso que crujía, quitando las telarañas de mi cara, comencé a sentir una presencia. Era el sentimiento como de que alguien me estaba observando e hizo que se me erizaran los cabellos de la nuca. Mientras continuaba viendo alrededor, debo agregar que muy rápido, escuché un ruido que venía de la parte de arriba de la casa. Klunk, klunk, klunk. ¡Era suficiente para mí! No iba a quedarme ahí y ver qué o quién era. Salté otra vez hacia afuera de la ventana y les dije a mis amigos que ya me estaban esperando, "No... no hay fantasmas ahí adentro".

Cuando tienes ocho años, debes ser audaz.

Golpes de fantasmas

También hice las cosas normales, "para espantar", que todos los niños hacen: contar historias de fantasmas a la luz de una vela y jugar con el tablero de la ouija. Éstas eran diferentes formas de intentar asustar a los demás.

Una vez escuché que de verdad podías grabar la voz de un fantasma. Todo lo que tenías que hacer era poner una cinta, subir el volumen y dejarla grabar en un cuarto vacío. El proceso parecía simple y sonaba divertido. Por supuesto que no quería hacerlo yo sólo, así que convencí a mi amigo Vince para que lo intentáramos juntos. Primero, teníamos que encontrar una grabadora. Buscamos por toda mi casa pero fue en vano, mas no íbamos a dejar que esas voces de los muertos se nos escaparan. Exploramos el sótano de Vince hasta que, en una esquina, encontramos nuestra llave al otro lado. Tomamos la grabadora rápidamente y nos aseguramos de que funcionara, y por supuesto que no lo hizo. Después de buscar cajón tras cajón unas baterías nuevas, finalmente la hicimos funcionar.

Pero, ¿qué casa íbamos a usar para permitir que los "espíritus" entraran? Vince dijo que, ya que era su grabadora, debía ser su casa. Yo estuve de acuerdo y también porque no había nadie en ese momento y ésa era la forma en que se suponía les gustaba a los fantasmas. Pusimos la grabadora, subimos todo el volumen y salimos del cuarto. Sabíamos que no debíamos estar junto a la grabadora, pues nos podía ganar la risa y los fantasmas no llegarían.

Después de unos 20 minutos, regresamos al cuarto, apagamos la grabadora, regresamos la cinta, presionamos el botón de "play" y esperamos escuchar los mensajes del otro lado. Escuchamos resueltamente, pero parecía que todo lo que podíamos escuchar era estática y comenzamos a reír. Después de este primer paso sabíamos que tenía que funcionar, así que escuchamos más tiempo, más estática y más risas. ¡Entonces ocurrió! Ambos escuchamos una voz. "¡Regrésala, pronto, regrésala!", grité. Regresamos la cinta y ahí estaba de nuevo, pero ¿qué decía esa voz? Ciertamente había algo en la cinta, pero no pudimos comprenderlo. Casi nos gastamos esa cinta regresándola una y otra vez hasta que finalmente el mensaje se aclaró y eran sólo tres palabras: "Chicle de hierbabuena."

Correcto, ése era el mensaje de un espíritu del más allá: "Chicle de hierbabuena." Ambos lo escuchamos tan claro como una campana. No teníamos ni idea de lo que significaba, pero lo escuchamos y estaba grabado en la cinta. Comenzamos a reír de nuevo, decidimos que habíamos tenido éxito y celebramos con una Coca-Cola.

Más tarde, Kathy y yo intentamos el mismo experimento de la cinta con nuestra amiga Gina, quien dijo que había visto un fantasma en su casa muchas veces, así que, ¿por qué no intentar grabarlo? Siendo el más experimentado en esto y el hombre del grupo, puse la grabadora y las reglas. Nadie iba a entrar al cuarto al menos por media hora. Todo lo que teníamos que hacer era estar juntos para así asegurarnos de que nadie pudiera disponer de la cinta. Finalmente, todo lo acordamos y comenzamos a grabar.

Una vez que terminamos, como antes, escuchamos lo que parecía una eternidad, pero en realidad eran 20 minutos. No escuchamos nada sino estática, estática, estática. Entonces, de la nada oímos una voz, una voz inquietante que susurraba. Era suave, como de mujer. La pusimos varias veces y nos emocionamos más cada vez que la escuchábamos. La voz decía, "ayúdame". Permítanme decirles que en verdad era muy diferente a la de "chicle de hierbabuena". La pusimos una y otra vez y escuchábamos lo mismo. ¿Era éste un espíritu que necesitaba ayuda o sólo estaba jugando una broma con nosotros? ¿Quién sabe?

La experiencia con un médium

Años más tarde, Kathy y yo estábamos viendo un programa de debate en el que había una médium, quien le dijo a la audiencia cosas acerca de sus seres amados que habían muerto y nos sorprendimos de ver qué precisa era. También queríamos saber cómo era posible que alguien tuviera esa habilidad. Pensamos en que tal vez se había puesto de acuerdo con la gente del público y era algún tipo de truco. Kathy decidió hacer una cita con ella para ver si era real. Tuvimos éxito al obtener una cita vía telefónica y finalmente el día de la lectura llegó. Ambos estábamos emocionados por ver si era capaz de comunicarse con alguien de nuestros seres queridos y teniendo eso en mente, con todas las tías y tíos que se habían ido al *otro lado*, debería de estar lleno de gente ansiosa por hablar.

La médium comenzó diciéndonos acerca de nuestra abuela Mary; describió su forma de mirar y cómo nos había estado observando. Nosotros no la conocimos porque murió antes de que naciéramos, pero Kathy había sentido que siempre estaba alrededor de ella.

La médium también habló acerca de lo cercanos que éramos Kathy y yo, diciendo que éramos tan cercanos como gemelos y que la gente a veces nos confundía como tales (no físicamente, pues yo mido 1.95 m y Kathy mide 1.68 m). Además dijo que Kathy estaba buscando un nuevo coche y que lo encontraría el siguiente fin de semana. Asimismo, nos dijo diferentes hechos acerca de otra gente de nuestra familia, así como también dijo que ambos teníamos un don y lo usaríamos para ayudar a los demás. Fue agradable oír eso, pero estábamos más interesados en lo que pudimos confirmar sobre nuestros seres amados del *otro lado*.

Así que la lectura fue un éxito y nos dimos cuenta de que cierta gente tiene este tipo de don.

2

Reacción instintiva

California o nada[1]. Kathy y yo decidimos mudarnos a California junto con nuestro buen amigo Jeff. Por alguna razón, siempre nos inclinamos en ir allá y decidimos intentarlo. Ambos estábamos interesados en Hollywood y pensamos que sería grandioso ver lo que el lugar tenía que ofrecer. Lo más duro fue dejar el hogar. Toda nuestra familia se encontraba en Virginia y mudarnos al otro lado del país sería difícil. Pero de nuevo aparecía ese ánimo instintivo diciéndonos que deberíamos ir. Sabíamos que con el tiempo regresaríamos a casa, por el momento nos mantendríamos en contacto por teléfono con la familia. Y si las cosas no funcionaban, empacaríamos ¡y estaríamos de vuelta! Kathy y yo somos de espíritu libre cuando se trata de cambiar.

Así que nos hallábamos en Hollywood, California, ¿y ahora qué? A tiempo decidí estudiar edición de

---

[1] *California or bust* era una frase usada durante la fiebre del oro en California, con la cual se daba a entender que de no ir a este lugar cualquier negocio quebraría.

películas, y Kathy continuó con su arte (es una excelente retratista). No es fácil conseguir un trabajo en el campo del entretenimiento, pero con perseverancia, lo conseguí.

Estaba tan emocionado que manejé al trabajo ese primer día de mi nueva carrera en Hollywood, pensando en todas las posibilidades futuras. Mientras conducía me dije a mí mismo: "Patrick, ahora tienes éxito en lo que se supone que estás haciendo."

Entonces, algo extraño pasó. Escuché otra voz que dijo, "esto puede ser bueno ahora, pero no es lo que vas a hacer".

Pensé para mí: "Hey, espera, ¿de dónde vino eso? Estoy en Hollywood, tengo una carrera en el negocio de los espectáculos que apenas está comenzando, voy a conocer celebridades y hacer buen dinero. ¿Por qué no es lo que voy a hacer? ¡Es lo que quiero!"

La voz regresó: "Ya lo verás."

Ignoré la voz y continué haciendo mi carrera como editor. Kathy tenía un trabajo en una agencia de castings, pero ella también había tenido un sentimiento de sermón de que algo no andaba bien.

Abriendo puertas

En California tuvimos la oportunidad de ir a una demostración del médium James van Praagh, a quien habíamos visto en un programa de televisión llamado *El otro lado* y pensamos que disfrutaríamos verlo en persona. James no era tan conocido entonces, pero tenía un buen número de seguidores. Esa noche fuimos testigos de cosas notables. James salió, respondió preguntas e hizo lecturas al azar a las personas del público. Aunque nosotros no recibimos ninguna, fue maravilloso ver el efecto curativo que tenía con los demás.

Después de la demostración comencé a pensar en todas las cosas que había visto esa tarde. Recordé una parte de la lectura en la que James mencionó que creía que tenía un don, y que tuvo que despertarlo. En aquel momento, la misma voz que había escuchado antes en mi cabeza volvió de nuevo y dijo: "Tú también tienes ese don."

"Sí, seguro, tengo curiosidad acerca de esto, pero eso es", me dije a mí mismo.

Aun cuando fue una sensación de reclamo que no pude resistir, me impulsó a buscar más, así que eso hice.

Comencé leyendo libros acerca de la comunicación con *el otro lado*. Me encontré yendo a la sección de "Nueva Era" de la librería antes de que pudiera encontrar cualquier material de este tema. Créanme, en el pasado era una de las secciones que nunca frecuentaba. No me interesaba sentarme debajo de pirámides hechas en casa, quemar incienso o inclusive utilizar cristales; no porque hubiera algo malo con ello, era sólo que no era para mí.

Me sumergí libro tras libro, leyendo todo acerca de la comunicación con los espíritus. Mientras más leía y aprendía acerca de conectarse con *el otro lado*, más fuerte era ese ánimo instintivo y la voz dentro de mi cabeza me impulsaba a seguir y buscar aún más.

En mi investigación encontré que la meditación era una gran parte de cualquier tipo de comunicación espiritual. ¿Yo meditar? Bueno, si iba a buscar de qué se trataba todo esto, sabía que tenía que meditar.

En ese tiempo trabajaba un promedio de doce a catorce horas al día y no era fácil regresar a casa a meditar después de un exhaustivo día y en realidad era lo último que quería hacer. Recuerdo que una noche llegué a casa después de un largo día, era alrededor de la 1:00 de la mañana y me había prometido a mí mismo ese día muy temprano, sin importar cuánto tiempo estuviera en el trabajo, que iba a meditar cuando llegara a casa. Me senté en mi cama, me puse cómodo, hice varias respiraciones profundas, me relajé y cerré mis ojos. Entonces comencé a enfocarme y poner mucha atención a cualquier tipo de comunicación que pudiera llegar del *otro lado*. No tomó mucho tiempo antes de que pudiera no sólo escuchar algo... ¡sino sentir algo!

Era el *sonido* y la *sensación* de mi cabeza golpeando la pared. Había comenzado a quedarme dormido y me caí hacia atrás y me golpeé la cabeza. *Después de todo decidí no meditar esa noche,* pero había llegado a creer que el cielo me daría la energía que necesitaba para meditar; ¡y el cielo lo hizo!

Durante la meditación, el punto básico es no pensar, sino recibir. Lo dije más fácil de lo que lo hice. Cuando se supone que no debes hacer algo, automáticamente lo haces. Me relajaría e intentaría borrar todo de mi mente, pero entonces un pensamiento acerca de algo que había pasado en mi trabajo ese día llegó inesperadamente. Lo hice a un lado y luego puse mi mente en blanco otra vez. Luego otro se introdujo de repente, pero entendí que era normal, y poco a poco, mientras más practicaba, era mejor.

También leí que todos tenemos espíritus guía. Siempre he creído en los ángeles guardianes, pero ¿un espíritu guía?, ¿qué son?

Aprendí que son espíritus que vivieron en la tierra antes, mientras que los ángeles no. Un guía podría ser un miembro de tu familia o aun alguien que nunca conociste y que está ahí para ayudarnos en la vida. El término "espíritu guía" me sonaba extraño y de la Nueva Era, pero sabía que teníamos miembros de la familia cuidándonos (¿recuerdan al tío Edward?).

En mi investigación escuché de una cinta de audio que, por medio de la visualización guiada, ayudaba a una persona a conocer a su guía. Sonaba muy fácil, así que, junto con ese instinto de nuevo, continué y compré la cinta.

Esa noche me puse cómodo. Más tarde tuve que preguntarle a mi guía (quien quiera que fuese) que por favor viniese y revelara quién era. Sólo quería asegurarme de que *todos* estaban preparados. Me coloqué mis audífonos y comencé a escuchar la cinta. Una voz femenina comenzó a dar instrucciones sobre cómo visualizar un lugar en mi mente. La voz dijo que iba a ser un lugar maravilloso y lleno de paz, alguno de mi propia creación. Mientras escuchaba sus instrucciones, se oía una música suave de fondo y comencé a sentir cómo mis energías empezaban a surgir. Empecé a imaginar un cuarto grande y cómodo. No había mucho en él, pues no quería que las cosas se complicaran, sin embargo era un cuarto agradable. En él visualicé una gran ventana en donde tenía la vista de un hermoso bosque. La narradora me instruyó para tener un asiento en mi cuarto, lo cual procedí a hacer. Me visualicé sentado en un sillón grande, viejo y cómodo, de esos en los que fácilmente se puede uno hundir. Mientras me sentaba en ese sillón, se me indicó ver una puerta enfrente de mí y lo hice. La narradora dijo que mentalmente le pidiera a mi guía que se hiciera presente: "De acuerdo, aquí vamos", pensé, "veamos si alguien atraviesa la puerta".

Para mi sorpresa, ahí, en mi mente, había una persona parada frente a mí. ¿Estaba yo imaginando todo eso? No tenía alguna precognición de qué esperar. Me levanté de la silla y, una vez de pie los dos, se presentó como "Andrew", y me dijo que era mi espíritu guía y que lo había sido desde el comienzo de mi vida. Empecé a enfocarme a Andrew para ver exactamente cómo era. Pasaba los treinta años, con cabello oscuro, largo y usaba ropa que yo asocié como de tiempos de la Colonia. Tenía una camisa blanca, de mangas bombachas y pantalones oscuros. Pensé que era bueno, por decir lo mínimo y decidí continuar con ello. Le pedí a Andrew entrar y sentarse en una silla junto a mí y eso hizo. Mientras comenzamos a hablar, no sólo yo estaba emocionado, sino también él. Me dijo que había estado esperando ansiosamente el día en que pudiéramos conocernos cara a cara y tuviera una mano que me condujera hacia él. Andrew también dijo que me estaba dirigiendo en la dirección correcta. Dije que eso era grandioso, pero ¿cuál era la dirección correcta? Y dijo: "Ya lo verás."

Ahí estaba ese "ya lo verás" otra vez, pero esta vez no sólo la oí, ¡sino que vi a la persona que lo decía!

Le pregunté: "¿Cómo compruebo que no me lo estoy imaginando?", y él me aseguró que no era así. "Si no es así, dame alguna evidencia que pueda probar que esto es real", le dije.

El reto estaba sobre la mesa. Andrew me miró con una sonrisa y dijo: "Recibirás una lectura y de nuevo te dirán que tienes un don. *Esto ocurrirá más pronto de lo que crees.*" Yo contesté: "De acuerdo, me parece bien."

Él sonrió y luego desapareció ante mis ojos. Yo estaba asombrado de lo ocurrido. Había descubierto de quién era la voz que escuché durante mucho tiempo, ahora me daba cuenta de que venía de mi guía, Andrew. Imaginación o no, tenía un hormigueo en todo mi cuerpo como si hubiera consumido mucha cafeína. Era difícil calmarse aquella noche para ir a dormir, pero finalmente lo conseguí.

¿De verdad vi y escuché todo eso o fue sólo una imaginación demasiado activa?

🖎

Mientras continuaba desarrollando la meditación, compartía todas mis experiencias con Kathy. Ella también comenzó a leer y estudiar acerca de espiritualidad, mediums y el *otro lado* y estaba fascinada tanto como yo. Ambos decidimos ver si podíamos hacer una cita privada con James van Praagh. Fuimos con su asistente, Cammy, pero ella nos informó que James tenía una lista de espera de un año y a pesar de ello le pedimos a Cammy que nos anotara en la lista. Recordé que Andrew me dijo que mi confirmación ocurriría más pronto de lo que creía. Bueno, una espera de un año para una lectura no era lo que yo llamaría pronto, así que pensé que tal vez la confirmación vendría de alguien más.

No pasó mucho tiempo después de eso cuando recibí una llamada de Cammy en mi trabajo. Me dijo que le habían cancelado una cita con James y preguntó si Kathy y yo estaríamos interesados en tomarla; le aseguré que ahí estaríamos. Manejé a casa para recoger a Kathy y nos apresuramos a través del tráfico de Los Ángeles (lo cual ya es un milagro) para llegar justo a tiempo.

James nos hizo sentar y después de unos cuantos minutos de hablar, comenzamos a recibir espíritus para nosotros. La primera persona en llegar fue nuestra mamá. Habían pasado tan sólo unos cuantos meses desde su fallecimiento y estábamos estremecidos de que pudiera hablarnos tan pronto. Una de las primeras cosas que quería hacer era desearme un feliz cumpleaños, que era el más próximo después de su fallecimiento. Aunque habíamos hecho a un lado ese día en años recientes, ella siempre me llamaba a la hora exacta en la que había yo nacido, lo cual era algo especial entre nosotros.

Ella mencionó a Kathy que sabía del arte que estaba desarrollando y que se sentía orgullosa de su talento. También quería confirmar que había estado cuidando al gato de Kathy, pues éste se había quedado en Virginia, ésta era una pregunta que rondaba en la mente de Kathy.

Luego, mamá mencionó a papá. Ellos estuvieron casados por casi cincuenta años y ¿cuál era el primer mensaje para él? ¡Que cortara su cabello! Mamá siempre se lo había cortado y después de morir, él decidió no dejar que nadie más lo hiciera. Conforme fueron pasando los meses después de su muerte, el cabello de papá creció y creció y eventualmente tuvo que hacerse una cola de caballo. Fue muy divertido que lo hubiera mencionado, pues ella hubiera sido la primera en reprenderlo por lo largo de su cabello. Teníamos que asegurarnos de decirle esto a papá, pues ciertamente confirmaría que ella aún estaba con él.

Después vinieron otras confirmaciones apoyando nuestra creencia de que ella había estado cuidando de nosotros. La mayoría de la gente tiene este tipo de fe, pero siempre es bueno escuchar ciertas confirmaciones para reforzarla. Otros miembros de la familia comenzaron a aparecer también mientras, emocionados, recibíamos mensajes de todos ellos.

Cuando la lectura terminó, James comentó algo que había deseado escuchar. Dijo que yo también tenía un don y que yo me convertiría en médium.

Lo que escuché de Andrew ocurrió... y más pronto de lo que esperaba.

3
Desenvolviendo mi regalo

Ahora sabía que estaba metido en algo y decidí adentrarme. Aunque la meditación de la visualización era buena, sabía que tan sólo era el primer paso; que había estado e iba a estar conectándome con los espíritus de otras formas. Día y noche llegaba a casa después del trabajo y persistía con mis meditaciones. Podía poner algún tipo de música suave, mis audífonos y abrirme al espíritu. Podía sentarme y recibir cualquier impresión que llegara y me ocurrían cosas asombrosas. Con la práctica me encontré dispuesto a sentir una presencia más fuerte de un espíritu conectándose conmigo. Era la misma sensación que se tiene de que hay otra persona en el cuarto, pero con un sentimiento más agudo. No sólo estaba sintiendo a un espíritu, sino en ocasiones sentía varios. Lo divertido era que sabía que había tenido esa impresión antes. Mi vida entera había experimentado esas sensaciones, pero no las reconocía como tal.

Con la ayuda de Andrew comencé a entender que en mi desarrollo había establecido la pauta para la comunicación con el *otro lado*. Hacer esto me ayudaba a tener más control sobre lo que estaba haciendo y experimentando. Podía pedirle a mi mamá que se conectara conmigo de cierta forma y a Andrew de otra. También les daba instrucciones a otros miembros de la familia que estaban en el *otro lado:* tíos, tías e inclusive los abuelos. Tenía a varios parientes ahí, así que sabía que recibiría mucha ayuda de su parte. No intuía sólo la presencia espiritual, sino también sus emociones y personalidades. Con una familia tan numerosa, había muchas personalidades con las que podría conectarme.

Mientras continuaba reforzando mi habilidad, comencé a ver que podía separar mis pensamientos de los de ellos. La comunicación con el *otro lado* es muy diferente de la comunicación con alguien aquí. En ocasiones podía escuchar la voz de un espíritu. En otros tiempos yo recibía una imagen de algo o alguien que pudiera aparecer como relámpago ante mis ojos. También percibía lo que ellos sentían. Me tomó tiempo y mucha paciencia, pero mientras más practicaba, era mejor.

Se abrió un mundo completamente nuevo para mí, finalmente me estaba comunicando frente a frente con el otro lado.

🌺

Mi regalo se hacía más fuerte y sabía que tenía que practicar con alguien... ¡Kathy! yo apenas estaba haciendo mis *pininos,* así que ella estaba más que dispuesta para darme una mano. Había escuchado que otros médiums tenían dificultad para hablar con los miembros de su familia que están del *otro lado.* Sabía que durante mi desarrollo recibiría la guía de mi madre, pero esto vendría como un pensamiento al azar o un sentimiento muy fuerte. Una noche antes le pregunté a mi mamá si ella vendría con nosotros al día siguiente, así podría darle mensajes a Kathy. Le pedí venir alrededor de las 7:00 p.m. y traer a alguien que ella quisiera. Le agradecí de antemano y le dije que la amaba.

Kathy y yo estábamos muy emocionados la noche siguiente. Aunque sabíamos que mamá siempre estaba alrededor de nosotros queríamos confiar en algunos de sus mensajes dirigidos a Kathy. Mientras nos instalábamos en la sala, me abrí y comencé a sentir la presencia de mi madre. Primero sentí el amor que traía y cómo estaba también emocionada por poder hablar con nosotros. Procedí a pedirle que me dijera cosas que había visto hacer a Kathy, para confirmar.

"Kathy, mamá sostiene algunas flores y sonríe, te agradece el detalle", dije.

Kathy me miró con una gran sonrisa. Preparándose para esa noche, Kathy había entregado flores a mamá ese día, diciéndole que esperaba que las pudiera disfrutar. ¡Sí, una confirmación!

"Está mostrándome un pay". Kathy había cocinado un pay ese día y había invitado a mi mamá y a los otros a compartirlo. De nuevo otra confirmación de algo que Kathy había hecho, aun cuando yo no tenía conocimiento de ello.

> Hay que tener en mente que alguien que está en el cielo puede recibir todo lo que le queramos dar, aunque las cosas no desaparecerían de tus manos, nuestro pensamiento al dar hace que se vuelva realidad en el *otro lado*. No se le llama cielo por nada.

La lectura continuó mientras más confirmaciones se iban sucediendo, no sólo para Kathy, sino también para otros miembros de la familia. Mi madre me dio información acerca de mi padre y hermanos para validar que ella había estado cuidándolos también.

No sólo mi mamá vino esa noche, sino también otras personas, incluyendo al tío Edward, quien estaba ahí sonriéndome de nuevo, feliz de que yo estuviera en el camino correcto.

Después de un rato comencé a sentirme agotado, así que sabía que era tiempo de envolver el regalo de nuevo. Agradecimos a todos por venir esa noche y les dijimos que estaríamos esperando hacer esto de nuevo.

🦋

Así que ahí estaba, mi primera lectura. No creo que tenga que decir lo emocionado que estábamos des-

pués de eso. Decidimos salir a comer y celebrar con
una buena comida. En ese tiempo, e inclusive hoy,
tuve que ayunar antes de dar una lectura y estaba
muy hambriento, por decir lo mínimo, pues platicar con los espíritus puede abrirte el apetito.

Una vez que aprendí a conectarme con los espíritus junto a Kathy, estaba ansioso de hacerlo para
los demás. Decidí entrar en salas de plática por
Internet y encontrar a alguien que pudiera estar
buscando una lectura, lo cual generalmente no
tomaba mucho tiempo en ocurrir. Transmitía los
mensajes que escuchaba escribiéndolos lo más rápido posible. La gente comenzó a decirme lo sorprendida que estaba con la información que recibían
en sus lecturas y me sentía tan emocionado como
ellos.

Sin embargo, después de un tiempo me di cuenta
de que me distraía transmitir por escrito los mensajes de los seres queridos. No sólo era información que
aparecía durante la lectura, sino también emociones,
y eran cosas que no podía expresar por escrito. Hasta
entonces tuve el suficiente coraje para dar ese salto y
dar lecturas a la gente de forma individual.

Mi amigo Jeff no estaba tan empapado del tema
en ese tiempo. De hecho se encontraba nervioso. Su
abuela, con quien era muy apegado, había fallecido,
y su mamá, Sirles, había pasado tiempos muy difíciles al intentar enfrentarlo. Pensé que si podía
conectarme con su abuela, ayudaría a comenzar

el proceso de curación para ambos. A pesar de estar escéptico, Jeff estuvo de acuerdo y le daba la bienvenida a cualquier mensaje que pudiera ayudarles.

Mientras Jeff se sentaba ansioso enfrente de mí, su abuela apareció inmediatamente con mucho amor. Expresó que había estado cuidando de él y su familia y quería asegurarles a todos que aún estaba cerca. También comentó que sabía lo difícil que fue para Shirley enfrentar su muerte y quería ayudarla.

Si Jeff era escéptico, su mamá aún más, pues al no haber sido educada en un ambiente de espiritualidad, tenía sus reservas y como algunos otros sólo creería si se lo demostraba. Le pedí a Jeff que me diera algunas confirmaciones de su abuela que la conectaran con su mamá, ayudándola con el proceso de curación.

"Jeff, tu abuela dice que vio hoy a tu mamá mirando las banderas"; puesto que su mamá estaba a 3,000 millas de distancia, él no tenía forma de saber si eso era verdad.

"También dice que la boda se va a llevar a cabo y que ella estaba con tu mamá y tu tía mientras lo discutían."

"No va a haber boda ahora", dijo.

Jeff sabía que su primo planeaba su boda, pero la canceló. Pensé si estaba escuchando mal. La abuela de Jeff repitió sus palabras y yo dije: "Puede que tú no lo sepas, pero tu mamá sí. Habrá boda."

Una vez más, Jeff no tenía idea, pero dijo que lo confirmaría. Su abuela dio otra información acerca de la familia y algunos de sus problemas. Ella volvió a asegurarle que todo iba bien y que trataría de ayudarlos en todo lo que pudiera. Ella los amaba y siempre estaba con la familia. Lo que pude decir significó mucho para Jeff e inmediatamente después llamó a su mamá, quien se había ido de viaje a la región del norte de Nueva York para visitar a su familia y tenía algunas noticias para Jeff. Adivinaste, su primo se estaba casando y Shirley les había comprado una nueva bandera decorativa para su casa. Esto no lo sabía Jeff y era una prueba concreta para ellos de que su abuela los cuidaba.

Esto me gustaba de forma especial en las lecturas. Está bien ser escéptico, pero cuando doy información que sólo ambas partes pueden saber, esto lo confirma.

Conforme se corrió la voz entre nuestros amigos de que podía comunicarme con el *otro lado*, Kathy comenzó a arreglar lecturas para ellos; iban a casa o les daba lecturas por teléfono, la respuesta fue abrumadora. Algunas personas me preguntaban cómo era posible hacer las lecturas por teléfono, pues creían que sus seres queridos se comunicaban conmigo por medio de las líneas telefónicas. Para nada; si alguien en la tierra se puede conectar con

otra persona marcando ocho dígitos, el cielo no tiene problema en encontrarme.

Trabajar en Hollywood me estaba tomando mucho
tiempo. La gente tiene la idea equivocada de que el
negocio de los espectáculos es todo *glamour*, pero
créanme, no lo es. La mayoría de la gente que está
en ese negocio trabaja por horas, lo cual, en aquel
tiempo, no me importaba; pero tenía que comprender
que, para continuar con mi trabajo espiritual, debía
decirle adiós a mi carrera en Hollywood, lo cual
no fue fácil, pues estaba haciendo más dinero del
que nunca imaginé y veía grandes oportunidades
en el futuro. Siempre me sentí afortunado de tener
este trabajo, pero conforme transcurría el tiempo,
me di cuenta de que se suponía sería sólo temporal.
Había alcanzado un sueño que a la vez me estaba
conduciendo a algo más grande. Sabía lo que tenía
que hacer y debía confiar en esa voz que escuché mi
primer día en el trabajo.

Así que dije adiós al negocio de los espectáculos y
di la bienvenida a Patrick Mathews, el médium.

4

Mi campo de sueños

Las noticias acerca de mis habilidades se empezaron a correr en nuestro círculo. Recibía llamadas y correos electrónicos de gente de todo el país que quería que los conectara con sus seres queridos. Los clientes a quienes les daba lecturas se lo comentaban a su familia y amigos. Todo esto tenía un efecto de bola de nieve. Era sorprendente cómo la gente tenía que esperar uno o dos meses para que les hiciera una lectura. Yo quería ayudar a la mayoría, pero sabía que no podía presionarme, pues todo esto desgasta la energía, así que primero tenía que aprender a calmarme.

Kathy me sugirió dar una demostración pública, aprovechando que había muchos curiosos por ahí; ella pensó que sería una muy buena forma de dar a conocer lo que yo hacía. Con ayuda de algunos amigos que corrieron la voz, así como del apoyo de una librería local, arreglamos una demostración de comunicación espiritual.

Cuando llegó la noche del evento, yo estaba realmente emocionado; listo para compartir el *otro lado* con el público y confirmar que sus seres queridos aún estaban a su alrededor.

Kathy y yo llegamos temprano para asegurarnos de que todo estuviera correcto, luego entramos en una habitación para relajarnos y concentrarnos antes de que comenzara la demostración y a pesar de estar aislados pudimos sentir cómo se cargaba el aire de la gente que comenzó a llegar con la expectación de escuchar a sus seres queridos. Cuando estábamos a punto de comenzar, para mi sorpresa, la gente nos recibió con un gran aplauso y ambos estábamos abrumados por la entusiasta bienvenida de la audiencia.

Comencé la lectura explicando lo que hacía y cómo recibía los mensajes; tanto Kathy como yo respondimos preguntas del público. Kathy había adquirido mucho conocimiento acerca de la comunicación con aquellos del *otro lado* al estudiar muchas de mis lecturas. La amabilidad y compasión que tiene hacia los demás la hacen una oradora natural.

Después de las preguntas y respuestas comencé una meditación para el público con el fin de ayudar a nivelar todas las energías de aquel lugar antes de comenzar las lecturas. Durante el silencio en la meditación, ocurrió algo inusual. Comencé a recibir un mensaje de un espíritu, pero no era para alguien del público, sino para mí. Imágenes, palabras y sentimientos comenzaron a fluir en mi mente, entre ellos:

- Me veía de pequeño, despierto a mitad de la noche, junto al espíritu de mi tío Edward, recibiendo un mensaje para la familia.

- Mientras crecía, tenía el *sentimiento* constante de la presencia de espíritus a mi alrededor, pero no entendía, en ese momento, quiénes eran.

- El *impulso* de mudarme a California para tener eventos que descubrirían lo que me llevó a definir el camino de mi vida.

- El recuerdo de pensar que "no estaba tan cómodo con mi trabajo en Hollywood".

- El que me hayan dicho que *tenía un regalo* y que lo usaría para ayudar a la gente.

- Finalmente, encontrarme *haciéndole caso a mi instinto* y esa *voz* que había estado escuchando desde el principio.

- El abandonar todos los planes y sueños que tuve alguna vez y *cambiar* mi vida y futuro por algo que nunca imaginé posible.

Un foco se fundió sobre mi cabeza y finalmente *todo estaba conectado*. Había estado recibiendo señales de mi vida entera, cada evento, por separado, no tenía sentido, pero juntos formaban el cuadro completo y el cual estaba en donde yo me encontraba esa noche y lo que haría por el resto de mi vida.

Ahí estaba yo, Patrick Mathews, sentado en frente de un grupo de personas para conectarlos con sus seres queridos del *otro lado*.

Todo llegó como tenía que ser para Ray en Campo de sueños.

En ese momento especial, mis seres queridos en espíritu me habían inundado con todos los mensajes como *mi confirmación personal desde arriba*.

Hice acopio de fuerzas para retener las lágrimas. *Inclusive a mi edad tienes que estar relajado.*

Parte II

Conversaciones con
el otro lado

La siguiente sección explica cómo es
comunicarse con aquellos del **otro lado**
y qué tipo de mensajes nos quieren
transmitir nuestros seres queridos.

5

Comunicándome con los espíritus

$\mathscr{V}$arias veces me han preguntado si comunicarme con los espíritus es lo mismo que hablar con la gente.

Eso sería bueno, pero comunicarme con los del *otro lado* es muy diferente de como lo hacemos aquí. Al hacerle una lectura a alguien me encantaría escuchar:

"Hola, soy Robert. Ésta es mi esposa, Betty, con quien estás hablando y morí en marzo de 2003 de un ataque al corazón. Tengo dos hijos, Bobby Jr., y Sharon, el nombre de mi perro es Pete, trabajé como maestro y me encantaba bailar." Pero desafortunadamente no funciona de esa forma.

Cuando hablo con los espíritus sus mensajes me llegan de diferentes maneras, la forma más común es la clariaudiencia, la clarividencia y la clarisentencia, pero antes de confundirlos más, los siguientes son ejemplos de lo que digo.

Clariaudiencia

Ésta es una palabra francesa que significa "escuchar de forma clara". Escuchar el mensaje de un espíritu no necesariamente significa que sea con mi oído físico, sino con mi oído interno. Esto sería similar a lo que alguien escucha cuando reflexiona.

Cuando un espíritu se comunica usando la clariaudiencia, lo hace muy rápido. En ocasiones escucho las palabras completas y en otras sólo partes de una palabra. Siempre disfruto comunicarme con un espíritu que ha sido muy verbal aquí o lo que se puede llamar un "parlanchín". Es más fácil escucharlos por medio de la clariaudiencia.

Tom hizo una cita conmigo para contactar a su hermano David, quien murió en un accidente de motocicleta. Aunque sabía que su hermano estaba junto a él, Tom quería asegurarse de ello. David fue muy buen conversador, así que por medio de las lecturas le dio a Tom numerosas confirmaciones, pero había también algunas sorpresas.

"David quiere que te recuerde acerca de la 'luna'[2]. ¿Alguno de los dos estaba relacionado con la astronomía?" Tom estaba confuso y dijo "no"; "de

[2] En inglés formal, el término "moon" significa luna, y en inglés informal significa mostrar el trasero. *N. de T.*

acuerdo", dije yo; "insiste con la palabra 'luna', al mismo tiempo sonríe y la relaciona con ustedes dos".

Tom reflexionó por un segundo, luego, sacudiendo su cabeza, replicó, "no puedo pensar en ningún tipo de luna" y yo continué; "quiero que sepas que David se ríe con muchas ganas ahora y esto es lo que me está diciendo, '¿tú... él... luna... trasero?, espera un minuto, lo tengo... ¡dice que ustedes le mostraron el trasero a la gente!" Tom se quedó con la boca abierta. "¡Oh Dios mío, no lo puedo creer! Una noche antes del accidente de David estuvimos haciendo bromas con algunos amigos y ambos les mostramos nuestros traseros, ¡a eso se refería!

Nos reímos y yo estaba complacido de que David decidiera hacerle entender a Tom el mensaje con palabras, no con imágenes.

Clarividencia

Esto significa "ver claro". Clarividencia es cuando un espíritu me muestra imágenes. Recibir estas imágenes puede ser similar a aquellas que se presentan cuando uno sueña despierto. No necesariamente los veo con mis ojos físicos, sino con los ojos de mi mente.

En una ocasión le hice una lectura a una mujer de nombre Carol. Durante la sesión, su mamá, que había fallecido, llegó y me dijo que había alcanzado a escuchar una conversación que tuvo Carol con una amiga justo antes de su cita conmigo. Dicha conversación fue de naturaleza espiritual y en ella tocaron el tema de Jesús y María. Carol pensó que era asombroso que su mamá hubiera estado ahí escuchando la conversación. Todo lo que yo había dicho era correcto, excepto que no recordaba haber hablado de María.

"Mmm, está bien, veamos si puedo poner las cosas en orden", dije. "Tu mamá me está mostrando artículos religiosos. Para mí eso significa que estabas hablando de religión con tu amiga."

"Sí, estás en lo cierto, conversaba sobre religión", dijo Carol. "También me está mostrando una imagen de Jesús, así que sé que debiste haber hablado acerca de él, también", le dije. "Es cierto, estuvimos hablando de Jesús."

"Tu mamá sigue mostrándome la Madonna, así que para mí esto significa que discutían acerca de María también."

Carol pensó por un momento y explotó en risas; "No, no estábamos hablando acerca de la Madonna, María, sino acerca de Madonna, la cantante."

Se lo pueden imaginar...

Clarisentencia

Esto significa "sentimiento claro". Estos mensajes llegan como sentimientos; el sentimiento de la personalidad de un espíritu, su tristeza, felicidad, amor, género, edad e inclusive la forma en que murieron. Un espíritu generalmente usa la clarisentencia para enfatizar un punto que están tratando de aclarar, como sucedió en este caso:

Tina estaba muy ansiosa de hablar con su hijo Philip, quien murió a la edad de ocho años debido a una falla en la válvula del corazón, provocándole una muerte rápida y sorpresiva. Durante la lectura, Philip tenía varias confirmaciones para su mamá y la familia entera. En un punto de la lectura, Tina preguntó qué estaba haciendo Philip del *otro lado*. Philip decidió no mostrarme o decirme, sino hacerme sentir.

"Tina, siento como si estuviera cayendo de una distancia corta. ¿Philip solía caerse mucho?"

"No más que cualquier otro niño, supongo", dijo. "Esto es extraño. Me preguntaste que estaba haciendo y lo único que siento es que caigo. Déjame ver qué quiere decir."

En ese momento, la sensación de caer se detuvo y cambió por la de flotar.

"Tina, Philip me está dejando sentir que está volando. Esto debe significar algo para ti."

Tina, con lágrimas de alegría, dijo: "¡Sí!, Philip solía atar una toalla alrededor de su cuello simulando una capa y actuaba como Superman. Saltaba del cobertizo levantando sus manos como si fuera a volar. El cobertizo tenía sólo tres pies de alto, así que sabíamos que no se lastimaría. Tan pronto como aterrizaba, corría y lo hacía de nuevo.

"Bueno, quiere que sepas que puede volar de verdad ahora y esto es lo que está haciendo", dije. "Y también que tiene una capa de verdad."

🐾

Cuando me comunico con aquellos en el *otro lado,* ellos siempre eligen cómo quieren hacer la conexión, pero por lo general es una combinación de todo lo anterior. Puesto que nuestros seres queridos están en un nivel o vibración más alta, la información que transmiten me llega rápidamente. Mi papel es primero recibir esta información, luego descifrar el mensaje y finalmente transmitirlo.

Creo que me pueden llamar un *radio de larga frecuencia de los espíritus.*

6

¿Mensajes que cambian la vida?

¿Qué tipo de mensajes quieren transmitir los seres queridos desde el cielo? Bueno, en realidad depende de la persona que reciba la lectura y lo que necesiten o no escuchar.

Primero, voy a empezar diciendo que no tengo control sobre lo que el espíritu me dice. Aunque no hay dos lecturas iguales, el factor común en cada una es que los seres amados quieren transmitir que están aún vivos y cuidándonos. Ese mensaje es muy significativo y se debe tomar de corazón, porque yo también le insisto a un espíritu que me dé información que toque un punto vulnerable para la persona a quien estoy leyendo. Por lo general, el espíritu me da información personal acerca de sí mismo, de la persona a la que le estoy leyendo y de otros miembros de la familia. Los nombres, lugares y sucesos en su vida son otras cosas que también se mencionan. Los mensajes pueden ser tan complejos como pedir perdón por algo malo que se haya hecho o tan simples como decir que vieron a la persona recogiendo flores esa mañana. El significado en todo eso es el mostrar que aún están con nosotros y lo pueden probar.

En una lectura uno *nunca* debe esperar escuchar un mensaje *exacto* de alguien del *otro lado*, pues al hacerlo se puede estar limitando toda la maravillosa información que llega del espíritu.

❧

Por ejemplo, en cierta ocasión hice una lectura para una mujer de nombre Judy, quien vino a verme con la esperanza de conectarse con su mamá. Judy me dijo que su mamá tenía un mensaje para ella y estaba lista para recibirlo, entonces, comencé la sesión.

"Tu mamá me está haciendo sentir como si hubiera muerto de causas naturales, una muerte lenta. Murió de cáncer."

"Sí", contestó Judy.

"Ahora tu mamá está quitando de mí ese sentimiento. Por favor entiende, ella sólo me hacía sentir su muerte para que la identificaras, pero ya no se siente así; quiere que te transmita esto de forma clara y específica."

"Es bueno escuchar eso", dijo Judy.

Yo continué: "Por favor hazle saber que estoy bien", quiere agradecerles lo que hicieron por ella, pues quiere que sepan que no pasó desapercibido por ella ni por Dios.

Aunque éste era sólo el comienzo de la lectura, yo creía que las cosas estaban saliendo bien. Su mamá estaba enfatizando; sin embargo, sentía que Judy dudaba un poco, lo que atribuí a los nervios.

"¿Trabajas al aire libre?", pregunté.

"No", respondió Judy.

"Mmm, tu mamá me está diciendo que trabajas al aire libre", dije.

"No, trabajo en una oficina", dijo Judy.

"Es extraño, me sigue mostrando que trabajas al aire libre."

"Me gusta la jardinería."

"Ya veo, pero no, no es eso. Me está diciendo que te vio trabajar afuera."

"En verdad no tengo idea de lo que está diciendo", dijo Judy.

"De acuerdo, le preguntaré para ir con lo que sigue", le respondí.

Sabía que durante una lectura la mente de una persona va a un kilómetro por minuto intentando hacer conexión con los mensajes. Al estar en este estado, la persona a veces presentará enfáticamente lo que yo llamo amnesia psíquica. Les podría decir por ejemplo que si están casados y ellos asegurarán que no, pero después de la lectura, una vez que se hayan tranquilizado, contestan: "Oh, sí, sí estoy casado." Eso pasa, así que por lo general continúo sabiendo que tendrá sentido más adelante, pero en ocasiones un espíritu no quiere continuar e insistirá en lo mismo hasta que se haga la confirmación.

"Bien, parece que tu mamá aún quiere continuar con esta confirmación. Me está diciendo que estuviste trabajando al aire libre recientemente y era algo que no querías".

Judy parecía confundida; de repente su expresión cambió y lo entendió.

"Oh, es cierto. Trabajo en una oficina que necesitaba fumigación y soy muy sensible al olor de los pesticidas, así que tuve que trabajar fuera de la oficina por un rato hasta que se dispersara el olor. No estaba vestida apropiadamente y fue muy incómodo".

Me sentí complacido de que la conexión finalmente se hubiera hecho.

Dije, "bueno, tu mamá estaba ahí observándote y también me dice que trataba de tranquilizarte".

Judy sacudió la cabeza y sonrió.

"Me dice tu mamá que si quieres saber si te escucha y la respuesta es... cada palabra que dices. También quieres saber si ella te ayuda y por supuesto que sí, cada vez que puede."

Con eso, Judy parecía darse cuenta de antemano. "¿Has notado un extraño sonido que sale de la radio? Dice que ha estado jugando con uno."

"Justo esta mañana estuve golpeando mi radio-reloj, pues estaba haciendo un fuerte ruido, un silbido, y quería saber qué lo causaba."

"Bueno, es mamá, así que ella tiene la culpa y quiere que sepas que está siempre a tu alrededor, dándote señales, así que sólo sigue observándolas."

Después de muchas más confirmaciones y mensajes de su mamá, la lectura llegó a su fin.

Aunque estaba sonriendo, pude sentir que Judy estaba un poco decepcionada. Le pregunté si no se sentía feliz con la lectura y respondió que sí, pero lo único que estaba esperando escuchar no salió, y le pregunté de qué se trataba.

Judy dijo, "los números ganadores de la lotería. Mi mamá y yo siempre jugábamos a la lotería y le había pedido antes de venir que me dijera cuáles iban a ser esos números. Eso es lo que realmente quería escuchar de ella".

Tienes que estar bromeando, pensé. Mi boca debe haberse abierto sin pronunciar palabra. Aquí, la mamá de Judy entró y le dio muchas confirmaciones maravillosas y mensajes. No sólo estaba cuidando a Judy y al resto de su familia, la verdad es que, ella también estaba viva y bien y no sufría ya de cáncer. Todo estaba bien, pero lo único que Judy quería escuchar de toda la lectura era los números ganadores de la lotería.

Mientras esperaba escuchar que eso fuera cierto, toda la información que sí escuchó le entró por un oído y le salió por el otro, por ese motivo su mamá estaba obstinada en todas las confirmaciones que había dicho; intentaba romper la barrera que Judy se había puesto a sí misma.

Al igual que un niño cuando tiene puesto su corazón en una bicicleta para Navidad. El niño baja corriendo la mañana de Navidad, pasando de largo los trenes, muñecas, juegos de té y otras atracciones para encontrar la bicicleta. En lugar de ver y disfrutar lo que está ahí, se dirige hacia ese objeto en específico.

Al tener una lectura, mi sugerencia es estar abierto a cualquier mensaje que puedan recibir, siempre y cuando sean *lo suficientemente específicos* en lo que piden.

🐚

Hacer una conexión con el *otro lado* es un milagro en sí. Cada pieza de información es un regalo y se debe tomar del corazón, pero si se está buscando que los seres amados en espíritu te den los números ganadores de la lotería, como Judy, o que te digan cómo hacerte rico, te decepcionarás. ¿Su ayuda te guiará a través de ciertas situaciones? Sí. Pero el punto es que nosotros somos los únicos responsables de nuestras vidas aquí y con esa responsabilidad llega el éxito, así como el fracaso. De nuevo, así es como aprendemos y crecemos, tomando nuestras propias decisiones. Aunque los mensajes que dan los espíritus quizá no den todas las respuestas a las preguntas de la vida, debe ser suficiente confirmar y probar que están siempre contigo, pues *¿no es en realidad el regalo más importante que pueden dar?*

Parte III

Lecciones desde el cielo

En la siguiente sección quiero compartir
con ustedes algunas de las muchas lecturas
que he dado a través de los años.
Aunque ninguna lectura es igual
(cada una es tan diferente como la persona
a quien le estoy hablando, aquí y en el
otro lado), algunas tienden a ser realmente
memorables, pues contienen una lección
de la cual podemos aprender.

7

El amor de un niño nunca muere

Una de las muertes más dolorosas que una persona tenga que experimentar es la de un niño.

Mientras vivimos nuestra vida, comprendemos que un día tendremos que experimentar la muerte de nuestros abuelos y eventualmente la de nuestros padres. Tener conocimiento de esta realidad de la vida, no lo hace más fácil una vez que suceden, pero nos ayuda a prepararnos mentalmente para cuando ocurran.

Algo que por lo general nunca anticipamos y para lo que regularmente no estamos preparados, es cuando un padre pierde a un hijo. Este tipo de pérdida parece romper las reglas de la vida y casi siempre coloca a la persona en un estado de profunda tristeza y aflicción.

Me siento bendecido cuando puedo ayudar a un padre a conectarse con su hijo, y una de las experiencias más conmovedores fue la de una mujer llamada Jillian.

Jillian sentía que estaba al borde del suicidio a causa de la reciente pérdida de su hijo. Desesperada por encontrar ayuda, se puso a buscar en internet algún consejo para el dolor. Ella no pretendía buscar mediums, pero por alguna razón mi nombre apareció en su búsqueda. Aunque lejos de su intención original, ella buscó mi página web, pues sintió algo que le decía que eso era lo correcto y yo era la persona que debía contactar. Hacer una cita para verme fue para ella un último esfuerzo.

Llegó el día de la cita de Jillian, voló a Los Ángeles y manejó directo a mi oficina desde el aeropuerto. Tomó asiento y le pedí que se relajara y veríamos quién había viajado con ella, tratando de hacer una broma para aminorar la presión que debió haber sentido. Sin saber a quién quería contactar, le expliqué cómo funcionaba y comenzamos la sesión.

"Estoy contactando a una mujer mayor que quiere hablar contigo", dije.

Jillian estaba sentada sin moverse.

"Una abuela", dije. "Me está diciendo que no había sido cercana a ti, pero quiere que sepas que te cuida".

"Es bueno oír eso", respondió Jillian. "Conocí sólo a una de mis dos abuelas y no fuimos muy cercanas. Ella vivía muy lejos de mi familia y murió cuando yo era una niña, así que nunca la conocí en realidad."

"Bueno, ella dice que te conoce muy bien."

Pude ver que ese mensaje hizo que Jillian se relajara un poco más.

"Tu abuela me está diciendo que aunque le encantaría seguir platicando contigo, hay alguien más que quiere hablar. ¿Tienes a un hijo del otro lado?"

Eso era, ésa era la puerta que ella anhelaba abrir.

"Oh, Dios mío", dijo Jillian "¿está mi hijo aquí?"

Ella comenzó a temblar.

Entonces apareció el espíritu de un pequeño niño y cuando se lo dije a Jillian, ella comenzó a llorar.

"Me está diciendo que te dé mucho amor", dije; "no puedo ni decirte lo emocionado que está".

Emocionado subestimó la realidad; seguía moviéndose y tuve que decirle que se quedara quieto, pues tenía que enfocarlo en un lugar; se quedó quieto en un área por unos cuantos segundos, luego corrió alrededor del cuarto hacia otro lugar. Pude sentir que tuvo una enorme energía en vida y que aún la seguía teniendo. El amor por su familia era abrumador y poder sentir ese tipo de emociones de un espíritu es una de mis recompensas al hacer este trabajo.

La muerte de un hijo debe de ser una de las pérdidas más dolorosas que una persona pueda experimentar, pero las circunstancias de la pérdida en algunos casos puede hacerlo casi insoportable.

"Tu hijo me está hablando de su muerte y me hace sentir que la garganta se me cierra... así que puedo decir que no pudo respirar cuando murió... ¿se asfixió o ahogó?

"Sí", dijo y comenzó a llorar.

"Quiere que sepas que fue al cielo rápidamente y que no sufrió".

"Jillian soltó un respiro de alivio y comenzó a llorar aún más. Su hijo había muerto hacía unos cuantos meses en el patio trasero. Su perro había sido encadenado a un árbol y de alguna forma la cadena se enroscó alrededor del cuello de Todd. Ocurrió en cuestión de segundos.

Durante la lectura, Todd fue enfático en que nadie debería sentirse culpable y quería que su madre supiera que, aunque no lo creyera, había sido el momento de que se fuera. Aunque hubiera parecido un horrible accidente, le dijo a su mamá que nadie debería culparse, pues simplemente ya estaba en su destino.

"Todd quiere que sepas que se encuentra bien, aún está contigo y es parte de la familia", dije. "Todd está hablando acerca de ¿una raíz plantada cerca de la ventana?"

"Oh, Dios mío", exclamó de nuevo Jillian. "Todd y yo sembramos una planta y la pusimos en el alféizar de la ventana para que el sol le diera la mayor parte del día."

"Genial", dije. "También dice que alguien está parado en la misma ventana y lo pueden ver, lo están viendo ahora."

Jillian pensó por un momento, luego dijo no, pero Todd insistía en esto.

"'Sí, mamá, sí', me pide que te diga. "Lo han visto también en el espejo."

Aún insegura, le dije a Jillian que recordara esa información y que tal vez tendría sentido más tarde.

Después de la lectura, cuando su esposo Dan escuchó la cinta de la sesión, escuchó esta parte y exclamó, "¡soy yo!" Dan no le había dicho a Jillian, pero casi todos los días él se paraba en la ventana y miraba hacia afuera. En varias ocasiones pensó haber visto a Todd, pero dudó en compartir esto con su esposa, pensando que era sólo su imaginación, pero ahora ya no dudaba. Nadie más sabía que se paraba en esa ventana en particular y había visto a Todd varias veces. Jillian y Dan supieron más tarde que Randy, el hermano mayor de Todd también había tenido encuentros con Todd. Lo había visto mientras miraba el espejo, pero no se lo comentó a sus papás.

"Todd está diciendo que necesitas comer. Hace hincapié en este mensaje", dije.

Jillian enjugó sus lágrimas, sonrió y sacudió su cabeza. Esto fue palabra por palabra lo que le dijo antes de que muriera. Jillian tenía un trastorno estomacal y nunca quería comer. Aunque era sólo un niño pequeño, esto siempre preocupó a Todd.

"Música en el funeral", dije. "Todd está diciendo que hubo algo malo, pero se encuentra bien. Alguien tuvo una mala idea acerca de la música, pero está bien, no hay problema."

Jillian soltó un suspiro de alivio y me dijo: "A Todd no le gustaba la música de la iglesia porque cuando cantábamos alto en la iglesia, sus amigos se burlaban de él."

Alguien de la familia de Jillian quiso música tradicional en el funeral, pero ella no quería. Después de mucho discutir sobre esto con los miembros de la familia, Jillian había acordado poner una de las canciones favoritas de Todd junto con la música tradicional. A Todd le gustaban muchos tipos de música. Jillian recordó que le agradaba la canción que dice, *Dios debe haber pasado un poco más de tiempo contigo,* y la escogió.

"Me comunica que había otro tipo de música que le gustaba *y que no pusiste*", dije, "pero está bien".

Jillian rió y me dijo que también le gustaba un poco el rock pesado, pero no creyó que fuera apropiado.

Le aseguré también que todo estaba bien.

"¡Dos camisetas!", dije. "Está hablando acerca de sus dos camisetas en el funeral."

Jillian puso la mano en su boca con emoción.

"Hubo una discusión acerca de sus camisetas y cuál le hubiera gustado usar", dijo Jillian. "A él le encantaba la lucha, lo mismo que la camiseta de Mustang y no sabíamos cuál ponerle."

Jillian estaba emocionada con esta confirmación.

"Me dice que le gustaban las dos y tú lo hiciste bien."

"Sí, sí, decidimos ponerle ambas, una encima (la de luchas) de la otra", dijo mientras se acomodaba en su silla.

Pude ver que saber de Todd le devolvió la vida a Jillian. Todd tenía muchas cosas que decirle aún a su mamá; cosas que le podían asegurar que seguía siendo parte de la familia.

Ahora me comunica: "Mamá, pon el adorno en el árbol", dije. A sabiendas de que la Navidad había pasado, no pensé que éste fuera el punto más original de evidencia que le pudiera dar, pero yo sólo transmití lo que escuché.

"Me está diciendo que esto es muy importante; que es inusual", dije. Jillian respondió emocionada, "sé exactamente de lo que está hablando; dos semanas antes de que muriera, Todd había hecho una manualidad en la escuela y su maestra la llevó la víspera de Navidad y dijo que Todd había estado muy emocionado al hacerla y pensó que nos gustaría tenerla. Mi esposo la colocó de inmediato sobre el árbol, pero yo le pedí que la quitara. Al enterarme de que fue el último trabajo que había hecho Todd, me entristecí, pero después de pensar largo tiempo acerca de ello, algo me hizo ponerlo de nuevo".

Yo respondí: "Quiere que sepas que ése era su regalo para ti y fue él quien te hizo ponerlo de nuevo en el árbol".

Jillian respondió con sonrisas y lágrimas, "lo voy a apreciar por el resto de mi vida".

La siguiente parte de la lectura muestra que el amor es concreto, y con ello, todo es posible.

"Mmm, Todd quiere que sepas que no fue su 'último trabajo', está hablando de un dibujo", dije. "Un dibujo especial que dejó para ti."

De repente, Jillian se entusiasmó y sacó un dibujo de su bolso. Sosteniendo el dibujo con las manos temblorosas, me explicó lo que era.

Jillian no pudo trabajar por meses después de que Todd murió, había intentado hacerse a la idea de que Todd no estaba muerto sino sólo escondiéndose de ella.

Por el bien de la familia, Jillian decidió continuar con la celebración de Navidad, pero compró regalos de Navidad también para Todd. Se dio cuenta de que lo estaba negando, pero ésta era su forma de enfrentar la pena y el dolor.

Una tarde, Jillian comenzó a limpiar la casa para la celebración de Navidad. Mientras trabajaba en un área de la cocina, Jillian encontró su dulcero, quitó la tapa para sacudirlo por dentro y vio que había un pedazo de papel doblado adentro; para su sorpresa, al desdoblarlo reconoció la letra de Todd. En el trozo de papel había un dibujo de ella y Todd del tipo de bolitas y palitos. Él estaba parado junto a ella, quien derramaba lágrimas de color azul. Hasta arriba del dibujo él había escrito: *Mamá, quiero que te sientas mejor, te amo.*

Todd siempre le había mostrado sus trabajos artísticos a Jillian, quien siempre se los alababa, lo cual hacía a Todd sentirse orgulloso, pero ni ella ni nadie en la familia habían visto antes ese dibujo. Sabía que no era algo del pasado porque Jillian siempre tenía la casa muy limpia, especialmente la cocina, en donde pasaba mucho tiempo. Con este mensaje, ella confirmó de dónde vino ese dibujo; era un regalo de Todd.

🌺

Me sorprende que no sólo aquellos que están en el *otro lado* transmitan mensajes por medio de la voz y el pensamiento, sino que también puedan dejar objetos inanimados para que nosotros los encontremos. Nunca podremos comprender por completo el poder del amor o cómo estas cosas ocurren, pero podemos ver las evidencias, saber que es real y estar agradecidos por todas las señales que llegan a nosotros de la continuación de su vida.

Jillian había escuchado muchas cosas fantásticas ese día y entendió que Todd aún era su hijo, una parte de la familia y que ni él ni sus seres amados morirán jamás.

8

Reuniendo a la familia
desde el otro lado

Al igual que aprendemos lecciones con los compañeros de clase en la escuela, nuestra familia juega un papel similar, pues ella representa a nuestros compañeros de clase en esta escuela llamada *vida*. Así como en la escuela, a veces nos llevamos bien o mal con nuestros compañeros, lo mismo ocurre con los miembros de la familia.

Cuando un miembro de la familia muere, pueden ocurrir diferentes cosas:

- Una familia dividida se une.
- Una familia dividida puede seguir dividida.
- Una familia cercana se puede dividir.
- Una familia cercana puede seguir unida.

En muchas lecturas que he dado, he notado que los espíritus tratan de unir a sus familias de nuevo.

Esto es de suma importancia para aquellos que están en el otro lado.

🌺

Samantha vino a verme buscando hacer contacto con sus papás, Mónica y Alan, ella los amaba profundamente y esperaba obtener algún consejo y lo consiguió.

En cuanto nos sentamos para comenzar la sesión, yo fui gratamente sorprendido por un aroma a rosas. No se debía a algún perfume que Samantha estuviera utilizando ni había flores alrededor del cuarto. Sabía que ésta era la forma en que Mónica quería comenzar la sesión.

"Tu madre está aquí y trae algunas rosas y me dice que ha dejado aroma de flores alrededor de tu casa."

"Oh, sí", Samantha exclamó. "He olido flores y eso me recordó a mamá, ella amaba trabajar en el jardín."

"Bueno, aún lo sigue haciendo y me dice que tú lo hacías también", dije.

"No lo he hecho en años, pero sí, lo hacíamos juntas."

"Ella dice que ha dejado aroma de flores para ti como señal de que ella y tu padre aún están contigo y cuidándote... cuidando a la familia."

"¡Estoy tan feliz de escuchar eso!", respondió Samantha.

Podría decir que Samantha estaba feliz de hablar con su mamá y esperaba con ansia escuchar más.

"Tu madre me está diciendo el número cinco, por lo general lo relaciono con algún aniversario o cumpleaños. ¿Hay alguien de mayo o del día 5 de algún mes?"

"No lo sé, no creo", dijo Samantha.

"Mmm, ahora sostiene su mano y me muestra los cinco dedos. Debe tener alguna relación contigo."

Podría decir que Samantha estaba concentrándose en lo que significaba el cinco. En silencio le pedí a Mónica que me diera más información.

"No quiere cambiar de tema y se empeña en esto", dije riendo. "Me está mostrando un cinco y esto tiene algo que ver con un cumpleaños."

Mónica me mostró cinco pasteles de cumpleaños.

"Espera... cumpleaños", dije. "Oh, ella tiene cinco hijos."

Samantha gritó sorprendida, "¡Cinco, sí!"

Es graciosa, en ocasiones, la forma en que un espíritu quiere transmitir un mensaje. De repente, sentí que el espíritu de un hombre quería conectarse. Era el padre de Samantha.

"Tu padre también está aquí y quiere enviar amor a ti y a tu familia. Estoy sintiendo una muerte rápida de ellos dos; tuvieron un accidente."

"Sí", dijo Samantha. "Ambos estaban en el carro y murieron", dijo. La voz de Samantha temblaba mientras decía "sí".

"Bueno, sé por tu padre que él y tu madre aún están juntos, aún en el *otro lado*".

"Estuvieron casados 48 años", dijo Samantha. "Así es, y son almas gemelas", respondí.

"Tu padre también quiere que sepas que no sintieron dolor al momento de morir."

"Yo recé porque hubiera sido una muerte rápida", dijo Samantha.

"Tu padre me confirma que todo sucedió en instantes". Samantha sonrió porque esto la reconfortó.

Un día, los padres de Samantha fueron a hacer unas compras a la tienda de abarrotes que estaba en la esquina, y mientras esperaban el semáforo, un tractor que venía del sentido opuesto perdió el control y los arrolló. Ambos murieron al instante.

"¿Murieron hace como cinco o seis años?", pregunté.

"Seis", respondió Samantha.

"De acuerdo", dije. "Me está diciendo que te asegures por favor de agradecer a todos por sus oraciones. Significa mucho para ambos."

"Lo haré", dijo Samantha.

"También te puedo decir que tu padre fue un hombre bien educado", dije.

"Oh, lo puedes asegurar."

"Me está mostrando un banco; ¿trabajaba en uno?"

"En realidad no."

"Mmm, me muestra dinero en el banco... oh, ya veo. Me está diciendo que tu familia tuvo y tiene seguridad financiera."

"Sí, mucha", respondió Samantha.

"Pero tu padre me dice que hay intereses por el dinero ahora y esto tiene que ver contigo y los otros miembros de tu familia."

"Hay algunos problemas", dijo tímidamente Samantha.

"Oh, oh. Tu mamá quiere hablar acerca de ti y de los otros hermanos y parece ser que es una separación. Tu familia está separada, ¿cierto?"

Samantha dijo "sí".

"No estoy hablando sólo de distancia sino de relaciones. Esto es lo que tu madre me quiere decir."

"Sí, es correcto".

"También dice que la separación tiene que ver con el dinero que les dejaron."

"Sí", dijo Samantha. "Eso es verdad."

Samantha provenía de una familia acomodada de tres hermanos y una hermana, ella era la de en-medio. Sus padres establecieron en su testamento, que, al morir, todos los bienes fueran divididos en partes iguales entre los hijos, pero cuando llegó el momento de recibir la herencia, comenzaron los pro-blemas, pues algunos pensaban que merecían más que otros y los altercados sobre las propiedades hicieron que pelearan unos contra otros.

La que antes fuera una familia unida, estaba aho-ra dividida, en lugar de consolarse por su pérdida, pues se había antepuesto la avaricia.

"Tu padre me está diciendo que no has hablado con algunos de tus hermanos desde hace tiempo".

"Correcto", dijo Samantha.

"Bueno, sabes que tanto tú como el resto de tu familia tienen que remediar este asunto. Es impor-tante que tú lo hagas", dije. "Esto es por lo que tus padres están diciendo todo esto. Ellos quieren que sepas que ellos están muy interesados."

"Algunos de nosotros nos comunicamos con los demás y otros no", dijo Samantha.

"Tu padre quiere que sepas que todos necesitan llegar a un acuerdo. Tienen que entender que en el *otro lado* ellos ven las situaciones de forma más amplia. Lo que importa no son las cosas materiales que posean, sino los pensamientos y sentimientos que se tienen unos a otros, de eso es de lo que están hechos nuestras almas."

Samantha estaba sentada en el borde de su silla, con ambas manos apretando los cojines de los asientos.

"Pero algunos de ellos no me van a hablar", dijo Samantha.

"Tu madre me está diciendo que lo intentaste, pero te diste por vencida, ¿es cierto eso?"

"Sí, me pregunté si tenía caso, ¿por qué yo debía ser quien hiciera todo el trabajo?", dijo Samantha.

"Bueno, haz la parte que te corresponde y ya dependerá de los demás aceptar tu oferta, pero al menos lo intentaste. Creo que también te sorprenderás de cómo te responderán los demás. Tu padre me está diciendo que aunque fueron más hijos varones, tú siempre fuiste como él, 'la fuerte'. Ahora debes actuar como líder."

"He estado pensando en esto por un rato. ¿Qué debo hacer?", dijo Samantha, ahora más tranquila con la conversación que estábamos teniendo. Yo contesté, "envía una tarjeta o llámalos. Pero al menos haz el último intento. Tu padre dice que eres la más obstinada de todos y puedes usar esa voluntad por el bien de la familia".

Samantha sacudió su cabeza y sonriendo dijo: "Está bien, lo haré."

"Tu madre está diciendo que se acerca el cumpleaños de uno de tus hermanos. Por favor dile 'feliz cumpleaños' de parte de ambos."

"Sí, es el cumpleaños de mi hermano William a fin de mes."

"Dice que puede ser el lugar y el momento justo para comenzar."

Lo único que los padres de Samantha querían comunicar era que aunque las familias discutan de vez en cuando, lo más importante es el amor y el perdón.

❧

Algunos ven el valor del amor en dólares y centavos. Sienten que mientras más dinero reciban, más amados serán, pero el verdadero valor no viene de una chequera, sino del corazón; el verdadero legado de una familia es cómo pueden perdonar a los demás y unirse para ayudarse entre sí.

El perdón y el amor son en realidad las herramientas más importantes que poseemos, y al usarlas no sólo ayudamos a los demás, sino también a nosotros mismos.

9

Muertes dolorosas, ¿por qué?

La muerte física puede ser dolorosa y aun cruel, dependiendo de la circunstancia. Con frecuencia nos preguntamos: si Dios es tan bueno, por qué entonces *permite* que alguien muera de una larga y dolorosa enfermedad.

🌺

Con la muerte de su padre, Robert había luchado con esta cuestión por años. Él y su esposa Terry habían venido a verme con la esperanza de hablar con su papá y encontrar algunas respuestas.

Era un lunes frío y lluvioso y tenía sólo una lectura más que hacer ese día. Terry estaba en el área de recepción y salí a saludarla. Pregunté si estaba sola porque me habían dicho que la lectura era para dos personas. Robert entró después de haber estacionado el coche; Terry sonrió y dijo que su otra mitad había llegado. Entramos en mi oficina y expliqué lo que hago y lo que ellos podían esperar. Ambos escucharon resueltamente y luego comenzó la lectura.

"Veamos quién está aquí", dije.

No tuve que esperar mucho tiempo porque en ese momento sentí una fuerte presencia masculina que irrumpía en el cuarto.

Miré a Robert y dije: "Tu padre está entrando primero y puedo decirte que tiene una presencia muy fuerte."

Robert sonrió mientras su amable esposa sostenía su mano.

"Puedo sentir que tuvo una muerte lenta", dije.

"Sí", respondió Robert.

"De cáncer", dije.

"Sí", dijo abruptamente y emocionado. "Él..."

"Deja que él me diga, Robert", le dije.

Pude ver que quería hablarme de ello pero preferí que la persona del *otro lado* me dijera primero. Robert se relajó y sonrió.

"Sigo escuchando a Fred o Frank."

"El nombre de mi padre es Frank", dijo Robert.

"Frank está llegando y tiene algo que probar y sigue diciéndome lo fuerte que es. Quiere que te des cuenta de que de ninguna forma se trata de la silueta de un hombre lo que tú viste en la cama."

Robert agachó su cabeza para esconder las emociones que ahora experimentaba.

"Frank es alguien a quien yo me referiría como 'el hombre de un hombre'. Nunca mostró muchas emociones contigo", dije.

Ahora Robert hacía todo lo posible por retener sus lágrimas. "Quiere decirme algo que necesitas escuchar de él... te amo."

Eso fue todo. Al escuchar esas palabras, Robert se derrumbó y comenzó a llorar. Aunque él sabía que su padre lo amaba, nunca se lo había dicho. Frank fue educado "a la antigua", convencido de que los hombres no muestran o expresan sus emociones, pero ahora ambos las estaban mostrando.

"Tu padre también quiere que le digas a la familia lo saludable que está ahora y que es importante que nunca piensen en él en la forma en que terminó."

En el pasado, Frank estuvo siempre en buena forma física, trabajaba en la construcción y había veces en que aun los compañeros más jóvenes encontraban difícil seguirle el paso. A todos les caía bien Frank y con frecuencia salía, junto con sus compañeros, a tomar una cerveza después de un arduo día de trabajo. Las cosas empezaron a cambiar cuando al final de una jornada Frank se sintió muy cansado para salir y prefirió irse directo a casa. Al ser un hombre fuerte y sano, no le dijo ni siquiera a su esposa que se sentía un poco mal, y no fue sino hasta el día que tuvo dificultades para levantarse de la cama que le dijo a su esposa que algo le sucedía, y ella, con su insistencia, hizo que fueran al hospital.

Después de lo que pareció una eternidad, los resultados de sus exámenes llegaron y sus peores miedos se volvieron realidad. Frank supo que tenía cáncer, era inoperable y tenía pocos meses de vida.

Aun con esas noticias devastadoras, Frank no mostró ninguna emoción cuando le dio la noticia a su familia, pues no quería ser una carga para nadie. Ése era Frank. Conforme fue pasando el tiempo, su condición física se deterioró y perdió mucho peso. Fue duro para él aceptar su condición, pero eventualmente lo tuvo que hacer permitiendo a su familia cuidarlo una vez que estuvo postrado en la cama. No fue fácil para su familia, en especial para sus hijos, ver a su padre tan dependiente, pero hicieron todo para enfrentarlo con coraje y hacer sentir a Frank lo más cómodo posible.

Ésta no era la forma en que Frank quería morir, siempre le había dicho a su esposa que quería irse rápido y no ser un estorbo para nadie, y se preguntaba qué había hecho para merecer eso; había sido un buen esposo y padre, pero no entendía por qué Dios le hacía eso.

Continué, "Frank quiere que sepas algo importante; él está ahora orgulloso de la forma en que murió y se siente afortunado porque haya sido así".

Robert pareció confundido, pues sabía cuánto había odiado su padre aquella enfermedad.

"¿Cómo es posible?", preguntó. "Papá odiaba sentirse tan desvalido."

Hice una pausa para dejar que Frank respondiera.

"Me está mostrando que ahora usa orgullosamente la enfermedad como una medalla sobre su pecho. Me dice que al morir con este tipo de enfermedad, se le dio una maravillosa oportunidad al permitirle a ti y a tu familia ayudarlo, pues todo el amor que le dieron es ahora parte de él, parte de su alma, pero también funciona de dos formas, pues el que tú y tu familia lo ayudaran incondicionalmente de la forma en que lo hicieron, sus almas también crecieron.

Robert y Terry comenzaron a llorar, y con todas esas emociones brotando de ellos, yo también comencé a llorar.

Posteriormente expliqué a la pareja que aun en la muerte, todos podemos aprender lecciones; dependiendo de la situación, podemos recibir amor de los demás de la misma forma que lo damos. Es en tiempos de gran necesidad que uno tiene la oportunidad tanto para aprender como para amar. No es un castigo de Dios, sino un regalo de aprendizaje y una oportunidad para intensificar nuestras almas. *Todos somos únicos, con vidas únicas, pero nuestras muertes son también lecciones únicas: un último regalo en la tierra para que nosotros la usemos o la compartamos.*

Robert me agradeció y no pudo esperar para llegar a casa y contarle al resto de la familia. Dijo que ahora entendía el regalo que fue tener a un padre fuerte pidiéndoles ayuda. Él siempre sintió que aunque era difícil ver a su padre de esa forma, en realidad se había sentido más cerca de él durante esas últimas semanas de lo que nunca había estado y se volvió mejor persona por ello y sabía que su padre le había explicado todo para hacer lo correcto, justo como lo había hecho en vida.

10

Suicidio y perdón

Ya sea por amor, por cuestiones económicas o por razones de salud, alguien que ha vivido una pérdida, padecido depresión o confusión extremas, ha permitido que esta situación lo controle. ¿Es lo correcto?

Absolutamente no.

¿Por qué dejan tarea en la escuela? La respuesta es simple, porque debemos aprender y entrenar nuestra mente.

Quizá no lo recordemos ahora, pero cuando íbamos en la escuela, estoy seguro de que hubo días difíciles y arduas tareas que debimos realizar para aprender. Pudo tratarse de cosas que no entendíamos y con las que batallamos, pero perseveramos.

Déjenme preguntarles, ¿qué hubiera pasado si hubieran desertado y decidido, digamos, no aprender a leer?, ¿qué tan diferente hubiera sido su vida?

- Ciertamente no tendrían este libro en sus manos en este momento.

- No serían capaces de manejar un automóvil, pues no hubieran podido leer los señalamientos en el camino.

- No podrían escribir sus deseos o pensamientos hacia alguien.

- No podrían llenar un cheque ni utilizar un cajero automático.

- No podrían utilizar una computadora ni escribir una nota a alguien.

Al continuar aprendiendo a leer, haciendo exámenes y resolviendo problemas, expandimos nuestra mente. Al crecer y alcanzar esta meta en particular, tenemos todas las recompensas que vienen del aprendizaje de esa lección para el resto de la vida.

Lo mismo aplica para el alma. Se nos dan situaciones y problemas en esta vida, así que nuestro propio espíritu también puede aprender y crecer. Sin estas lecciones, estamos estancados, dejamos de avanzar, de aprender. El hecho es que mientras más obtenga nuestra alma de todas las experiencias de la vida, más cerca estaremos de Dios.

Depende de nosotros qué tan cerca de Dios queramos estar.

Sé que todos nosotros hemos tenido tiempos difíciles y aun trágicos, pero ¿acaso nos hace más fuertes? Yo pienso que a la mayoría de nosotros sí. Lo único que hay que recordar no es sólo que nuestra mente se ha vuelto más fuerte, sino también nuestro espíritu, pues somos capaces de aprender de los diferentes eventos y situaciones que encontramos en nuestra vida diaria y, en algunos casos, otros pueden aprender de uno.

Hay que tener en mente que no sólo somos estudiantes sino maestros también, pues tal vez estemos en ese periodo difícil o duro de nuestra vida para dar a otros la oportunidad de ayudarnos.

Por la experiencia que he tenido al hablar con espíritus que han cometido suicidio, que están arrepentidos de haberlo hecho. En el *otro lado*, un espíritu ve las cosas más claras de por qué estaba aquí, se dan cuenta de que, cualquiera que hubiera sido el problema que les provocó quitarse la vida, eventualmente iban a salir de él. Terminar con su vida aquí en la Tierra puede haber borrado los problemas físicos por los que iban a pasar, sólo para ser reemplazados por uno más grande: ver y sentir el efecto de sus acciones. Una vez que han terminado y están del *otro lado*, no es Dios quien los juzga, pues él está lleno de amor, sino son ellos quienes se juzgan a sí mismos.

La mayor parte del tiempo, la gente que se suicida cree que sólo se está lastimando a sí misma, pero es al contrario, no sólo afectan la vida de la gente que conocen, sino también a la gente que estaba por llegar.

Si me permiten utilizar otra película como ejemplo, piensen en el clásico tema navideño *It's a Wonderful Life*, donde Jimmy Stewart hace el papel de George Bailey, un hombre que se siente atrapado con todos los problemas de su vida y está tan hastiado, que decide que tal vez lo mejor sea terminar con todo. Mientras se prepara para hacerlo, Clarence, un ángel, le muestra a George lo que hubiera sido la vida para el pueblo y la gente que lo ama si él nunca hubiera existido. Para no hacer el cuento largo, George ve que todo era completamente diferente en su pueblo. La gente a quien amaba estaba en diferentes situaciones. El pueblo había empeorado e inclusive su hermano había muerto ahogado, pues George no estuvo ahí para salvarlo como antes. Su familia, que lo amaba tanto, nunca hubiera existido.

Esto es lo que hubiera sido la vida para los demás si George nunca hubiera vivido.

Esta película es un gran ejemplo de cómo afectamos la vida de los demás. Apuesto que en este momento pueden pensar en alguien que aman y estiman, podría ser su esposo, esposa, hijo o mejor amigo. Saben que no habría nada en el mundo que no harían por esa persona, o ellos por ustedes. Al estar con esa persona, ustedes han recibido los mejores regalos que puede haber, que son el amor y la amistad, pero ¿qué hubiera pasado si esta gente en particular hubiera terminado con su vida *antes* de que ustedes los hubieran conocido? ¿Qué tan diferente *sería* su vida? De hecho, ¿hubieran sido ustedes la misma persona que son ahora? Lo dudo. Todo lo que hacemos tiene una *causa y un efecto* en la Tierra. Es como lanzar una piedra en un estanque; nuestras elecciones y lo que hacemos en la vida tendrá un efecto magnífico en los demás.

El suicidio es equivalente a saltarnos la educación preescolar, la primaria, la secundaria y tratar de ir directo a la universidad. Una vez ahí, sabrás que necesitaste más educación y más crecimiento.

En el cielo, un espíritu entenderá al instante el error que cometió al abreviar su vida y se da cuenta de que aún tiene que aprender lecciones en el cielo para crecer. Esto se adquiere con la ayuda de los miembros de la familia que han muerto, los guías y también los ángeles que están con ellos.

¿Es más fácil aprender estas lecciones una vez estando allá?

No, en realidad es más difícil.

En el cielo, aquellos que se han suicidado, no serán puestos en ciertas situaciones que pueden ocurrir en la Tierra, y no sólo eso, traen equipaje consigo: los efectos y emociones que sus acciones ocasionaron a aquellos que dejó atrás.

Era un hermoso día de primavera. Mickey y Claire estaban emocionados acerca de la lectura que iban a experimentar. Nos saludamos y les podría decir que las energías estaban bien con esta pareja. Tenían esperanzas de escuchar a sus respectivos parientes cercanos, pero estaban abiertos a escuchar mensajes de quien fuera. Yo sentí a diferentes espíritus y les puedo afirmar que el *otro lado* estaba listo.

Me pude conectar con el padre de Mickey primero, un caballero amable que envió mucho amor a su hijo y habló de los maravillosos recuerdos de infancia que tocaron el corazón de Mickey.

"Mickey, tu padre me está diciendo que solía recogerte de vez en cuando de la escuela."

"Así es."

"Me está mostrando una moneda de diez centavos. Algo acerca de diez centavos y cómo los encontraste en su bolsillo."

Con eso, Mickey comenzó a llorar. "Solíamos jugar un juego y él siempre tenía una moneda de diez centavos que había en su bolsillo, pero tenía que encontrar en cuál", dijo Mickey sonriendo.

"También me está mostrando un cono de helado."

"Eso es lo que compraba con el dinero", dijo sonriendo Mickey. Yo continué: "Él quiere que sepas que fue un recuerdo muy feliz para él."

"Para mí también, sólo que no he pensado en ello por años", dijo Mickey. El padre de Mickey también habló de otra ocasión en que él y Mickey habían ido a pasear en trineo una mañana, en la nieve fresca, mucho antes de que todos se despertaran. Eso trajo muchos buenos recuerdos para Mickey. Su padre ahora había ido al *otro lado*, pero envió a Mickey todo su amor y le dijo que "Mickey siempre será su pequeño".

Siguió la tía de Claire. Ella fue una persona muy responsable y se preocupaba mucho por su sobrina y le agradeció que siempre la recordara y estaba especialmente agradecida por las flores que Claire acababa de plantar por su cumpleaños. Eran claveles, su flor favorita.

Aunque eran diferentes confirmaciones y mensajes que llegaban tanto para Mickey como para Claire, sus seres queridos querían hacerse a un lado para dar paso al siguiente espíritu, que llegó y los tomó por sorpresa.

"Tengo aquí a una mujer más joven y siento que no es un pariente cercano, pero aún está conectada con ustedes. ¿La puedo llamar?", pregunté.

"Sí, por favor", dijo Claire, quien siempre estuvo sonriendo por el mensaje de amor de parte de su tía.

"De acuerdo, primero me está mostrando su hermosa y larga cabellera negra. Dice que su cabello la distinguía."

Clair se veía confusa, pero aún seguía abierta.

"También me está haciendo saber que en un tiempo fue parte de tu familia y la conoces."

Tanto Mickey como Claire estaban concentrados, pero aún no veían conexión alguna. Todo había salido bien hasta entonces, así que no iba a desistir. Sentí que todos los demás se habían hecho a un lado para permitir que entrara este espíritu, así que supe que ella tenía algo especial para transmitir.

Por la forma en la que se expresaba, pude sentir que esta mujer se había suicidado. Un alma con esta peculiaridad entra con lo que yo llamo: una vibración menor. Se siente una pesadez que puedo comparar sólo cuando alguien se siente demasiado triste, deprimido.

"Ahora estoy sintiendo mucho arrepentimiento de su parte y me dice que se suicidó."

Mientras estaba diciendo esto, mi mano hizo inconscientemente la forma de una pistola y apunté hacia mi boca.

"Se disparó", dije.

Ver y escuchar eso sacudió a la pareja y fue suficiente para ellos saber exactamente de lo que estaba yo hablando.

"¡Oh, Dios mío, debe ser Melanie!", dijo Claire. "Melanie se quitó la vida por su agobiante tristeza, la cual su familia nunca entendió."

La pareja se tranquilizó mientras esto comenzó a revelarse.

"Ella tuvo una relación con uno de los miembros de tu familia, Claire", dije.

Aún perturbada, Claire sólo asintió con la cabeza.

"Bueno, estoy viendo que ella y su novio o esposo estaban separados cuando esto ocurrió."

Conforme salieron estas palabras de mi boca, Melanie me estaba haciendo sentir que iba en la dirección equivocada acerca de su compañero. En silencio le pregunté por qué y ella respondió:

"Oh, lo siento, ella dice que no era novio o esposo, sino otra mujer."

Los dos estuvieron de acuerdo en que así fue.

La hermana de Claire, Terry, había tenido una relación con Melanie. Las dos habían sido una pareja muy unida y intentaron esconder sus sentimientos de los otros miembros de la familia. La familia de Terry aceptó que ella era lesbiana, pero la familia de Melanie no, pues estaban educados a la antigua y sentían que la atracción de Melanie hacia otra mujer era un pecado.

"Melanie quería venir hoy para darles mensajes con la esperanza de que se los transmitiera no sólo para ayudarla, sino para ayudar también a su familia", dije.

Mickey preguntó: "¿Qué tipo de mensajes?"

"Primero quiere que todos sepan que lamenta profundamente haberse quitado la vida. Al estar del otro lado, no sólo ve, sino *siente* todos los efectos y emociones que ha ocasionado al cortar su vida. Como se había suicidado, Melanie tuvo que enfrentar lo que hizo y entender que estuvo mal y lo consiguió con la ayuda de los ángeles y guías que están con ella.

"Pero el dolor que está experimentando ahora es por su familia. Su madre, junto con otros miembros de su familia, están evitando que ella vaya al siguiente nivel debido a... créanlo o no, sus oraciones."

Confusa, Claire preguntó: "¿Las oraciones no ayudan?"

Yo continué: "Sí, las oraciones son de mucha ayuda si vienen del lugar correcto. Melanie me está diciendo que su madre sigue rezándole a Dios que la perdone por haberse quitado la vida y por ser lesbiana. Su madre tiene que entender que cuando alguien ama a otra persona, sin importar el sexo, raza o creencia, no está mal. ¿Para qué nos daría Dios el más grande regalo del mundo, el amor, si le pondría límites y prejuicios?

"*Él no lo hizo...nosotros lo hicimos.*"

"Una vez que su madre se dé cuenta que Dios ha perdonado a Melanie por haberse quitado la vida, comenzará el proceso de sanación para ambas. El lazo entre Melanie y su madre nunca se ha roto. Pero si su madre continúa siendo tan negativa, no sólo ella está sintiendo este efecto, sino también Melanie."

"Melanie está agradecida con ustedes por permitirle el tiempo de estar aquí y hablarles. Ella sabe que éste era su tiempo con sus amigos y familiares y les agradece a ambos por su ayuda y comprensión."

Nunca dejo de sorprenderme de cómo funciona el otro lado. La familia de Claire y de Mickey en espíritu, aunque estaban ansiosos por hablar con ellos, se hicieron a un lado para permitir que recibieran este intenso mensaje.

Un mes más tarde supe de Claire y Mickey. Me dijeron cómo le transmitieron todo esto a la familia de Melanie, sino que la madre de Melanie no sólo aceptó la información sino que se derrumbó y lloró. Al escuchar que su hija en realidad no se estaba quemando en el infierno, sino recibiendo la ayuda de Dios, le ayudó a su madre a salir adelante y también comprendió que para ayudar a su hija, primero tenía que perdonarla y también perdonarse a sí misma, pues estaba atormentada desde la muerte de su hija y ahora sentía que se había quitado un peso del corazón. El amor que tuvo una vez por su hija regresó y llenó su corazón con la alegría que había perdido tiempo atrás. Ahora no sólo reza positivamente a Melanie, sino que también habla con ella a diario, pues se dio cuenta de que ambas tenían lecciones que aprender y juntas pueden hacerlo, inclusive con Melanie del otro lado.

🌺

Lo anterior es un ejemplo de alguien que supo lo que era quitarse la vida. ¿Es lo mismo para una persona que no se dio cuenta de lo que estaba haciendo? No.

Si alguien está mentalmente enfermo, su estado mental toma el completo control de su razonamiento lógico, el resultado no es el mismo. Otras personas alrededor de este individuo pueden haber sufrido este tipo de pérdida para su propio crecimiento espiritual.

También he hablado con mucha gente que ha considerado quitarse la vida debido a penas agobiantes que han experimentado por la pérdida de un ser querido. La gente que vive esta situación siente que la única forma de reconectarse con ellos es uniéndoseles en el *otro lado*, lo cual es definitivamente lo peor que pueden hacer.

Aunque se pueden reunir con sus seres amados *físicamente* en el otro lado, no estarán *espiritualmente* en el mismo nivel. Y una vez más, el nivel espiritual es lo importante. En lugar de estar juntos, se encontrarán a sí mismos intentando salir bien del efecto de sus acciones.

Si conocen a alguien que se ha suicidado, deben orar por su alma con compasión y entendimiento. Del *otro lado* ellos tienen que darse cuenta de que tenían otras opciones, y tener nuestro amor y perdón ayudará a sus almas a continuar creciendo. Nunca hay que creer que es muy tarde para ayudar a sanar a alguien.

Aunque alguien esté en el cielo, su amor y perdón pueden hacer y harán milagros para esa persona.

11

Conservando su personalidad en el cielo

¿Una vez que la gente llega al *otro lado*, hacen conciencia de lo que fue su vida y de lo que el cielo les aguarda?

Cierto.

Al adquirir este tipo de conocimiento, ¿sus almas se vuelven completamente diferentes de quién y qué fueron en la Tierra?

¡Definitivamente no!

Nuestra personalidad es nuestra alma, es lo que somos. Es la personalidad con la que hacemos amigos o nos enamoramos. Aunque se pueda tener un entendimiento mayor en el cielo que sobrepase el conocimiento que tenemos ahora, aún tú eres quien eres.

Durante una lectura, sería casi imposible para mí determinar qué espíritus estaba comunicando si no fuera por sus personalidades únicas. Es lo que sus seres amados reconocen aquí en la Tierra, su huella espiritual. La personalidad es uno de los primeros sentidos que recibo cuando hablo con alguien que está en el *otro lado*. Si una persona hablara con voz baja aquí en la Tierra, también lo haría *en espíritu*. Si alguien hablara mucho y tuviera una gran energía, así sería también en el *otro lado*.

Hice una lectura para una clienta de nombre Laura. Las cosas iban bien y varios familiares suyos habían venido y le habían dado grandiosos mensajes. A mitad de la sesión, el espíritu de una mujer joven y con mucha energía nos interrumpió. Puedo resumir la personalidad de un espíritu rápidamente y este espíritu habían esperado lo suficiente. La joven mujer se llamaba Shelly y no la olvidaré tan pronto.

"Hay una joven mujer aquí y me está diciendo que es su turno ahora", le expliqué a Laura. "Había esperado lo suficiente."

"Bien", dijo Laura.

"Debe haber habido una diferencia de edad entre las dos, pues está riendo de esto y se refiere a sí misma como 'niña' aunque no lo es."

Shelly y su esposo Ben se habían mudado a Atlanta hacía un año y medio y ella y Laura se conocieron y se hicieron amigas de inmediato. No llevó mucho tiempo para que Laura presentara a Shelly con todos sus amigos, quienes hicieron sentir a Shelly cómoda en su nuevo ambiente.

"Mientras el esposo de Shelly, Ben, era de la misma edad que el resto de nosotros, ella era nueve o diez años más joven", dijo Laura. "Ella siempre hacía bromas acerca de su edad."

Laura estaba muy feliz de escuchar de su amiga y esperaba que ella también lo estuviera.

"Shelly habla mucho", le dije. "Es el tipo de persona que dirá lo que tiene en mente."

Laura estuvo de acuerdo.

"Ella obtiene lo que quiere, es casi caprichosa", expliqué. "Si las cosas no salen a su manera, no está feliz."

"Ésa es nuestra Shelly", exclamó Laura.

Continué, "no es mala persona de ninguna manera, sólo tiene una fuerte personalidad".

Laura confirmó esto al decirme que en el funeral de Shelly, su madre elogió el fuerte liderazgo de Shelly y cómo había conseguido siempre lo que había querido. Ella nunca dejó que nadie interfiriera en su camino. Aunque su personalidad era un poco fuerte en ocasiones, era joven y aún estaba aprendiendo.

"Shelly me está mostrando un traje de porrista y me dice que ella era quien movía a las multitudes", dije.

"¡Shelly fue porrista en la preparatoria!", confirmó Laura emocionada. "Definitivamente era ella quien movía a las multitudes."

Sin detenerse, Shelly comenzó a contarme acerca de su muerte. Pude sentir cuán emocionada estaba al comunicarse con su amiga y no se iba a detener.

"Shelly murió en un accidente automovilístico", dije. "Fue un accidente, no su culpa y murió rápidamente."

Laura, sorprendida, lo confirmó.

Después del accidente, Shelly fue llevada de inmediato al hospital y directo a cirugía. Ben esperó hora tras hora en la sala de espera, anhelando oír una palabra acerca de su esposa. Finalmente, la palabra llegó y Ben pudo ver a Shelly una vez que ella había despertado del procedimiento. Shelly tenía una apariencia tranquila, relajada y le dijo a Ben que todo iba a estar bien. Después de unos minutos de hablar con él, Shelly le dijo a Ben que necesitaba descansar y le pidió que se fuera a casa y le trajera sus pijamas y sus lentes. Ben se fue y cuando regresó al hospital, tuvo un fuerte sentimiento de que Shelly lo había dejado.

Este sentimiento se volvió a realidad.

Mientras Ben se ausentó, Shelly había sufrido un paro cardiaco y perdió oxígeno, lo cual la dejó con muerte cerebral. Ben estaba devastado, pero mantuvo a su amada esposa "con vida" con máquinas hasta que la familia la visitó para despedirse de ella.

Esto es un ejemplo de cómo algunas almas esperan a sus seres queridos antes de morir. Ellos saben cuándo es tiempo y quieren ahorrarles el dolor.

La lectura continuó.

"Shelly me está diciendo que aunque ella no murió de inmediato, observó su cuerpo en el accidente y, son sus palabras, no mías, era un desastre!", dije. "También me está diciendo que no estaba del todo feliz por la forma en que la gente la vio al final. No lucía como siempre, y se está riendo de eso."

Laura sonrió y asintió con la cabeza también. "Lo único que siempre podías decir acerca de Shelly", exclamó Laura, "era lo bien que siempre se veía. Su cara estaba completamente hinchada por todos los medicamentos y tuvieron que ponerle mucho maquillaje", continuó Laura. "Shelly nunca tuvo que usar mucho maquillaje. Inclusive Ben comentó que Shelly se hubiera vuelto loca si hubiera sabido cómo se veía."

Laura se sentía aliviada de que Shelly estuviera riendo, pues estaban algo preocupados acerca de cómo se hubiera sentido por la forma en que lucía.

"Shelly me está diciendo que deben ver cómo se viste ahora, y lo mejor es que ¡no le cuesta un centavo!"

"Ella siempre vistió bien." Dijo Laura riendo. "Yo la llamaba 'la chica J. Crew' porque siempre lucía como si hubiera sido modelo de portada de revista. Entiendo también el 'no cuesta un centavo'", dijo Laura. "Shelly amaba comprar en la tienda de Anne Taylor. Era un poco caro, para el salario que percibía, pero le encantaba vestirse bien. Shelly decía que quería hacer mucho dinero, así podría comprar toda la ropa que quería."

Laura estaba sorprendida de que Shelly hubiera venido tal como fue en vida, hablando de lo que fue importante para ella.

"Ahora puedo ver cómo las mujeres pueden platicar por horas en el teléfono", dije bromeando.

"Shelly está mencionando cuánto le gusta el agua, tiene agua ¡y dice que se lo ha ganado!"

Laura, emocionada, me dijo: "Sí, eso es cierto, Ben y Shelly habían comprado una casa en el lago. Ahí es en donde esparcieron las cenizas de Shelly", explicó Laura, "cuando compraron la casa, vieron que tenía una decoración horrible. No tenían mucho dinero, así que Shelly compró todo en la tienda de saldos y encontró algunas ofertas fantásticas. Después de su muerte, Ben comenzó a recibir todo el mobiliario que Shelly había ordenado; ella quería un tema de veleros, así que por ella, él lo conservó."

"Por sus comentarios puedes ver que Shelly está disfrutando los muebles", dije.

El nivel de energía de Shelly era alto y tenía que decirle a Laura. Lo mejor aún está por venir.

"Shelly me está diciendo del libro que le pediste prestado", dije. "Está bien que lo conserves para tu esposo."

Laura sonrió y explicó, aún sorprendida con lo que estaba aconteciendo. "Solíamos cambiar libros todo el tiempo. Uno de los últimos libros que le pedimos prestado fue *Los pilares de la tierra*, que era para mi esposo, Matt. Shelly había preguntado por el libro un mes antes de que muriera y le dije que apresuraría a mi esposo para que lo terminara."

Laura dijo que le tomaría una eternidad a Matt terminar el libro, pues acostumbraba leer cuatro o cinco libros al mismo tiempo.

"Cada fin de semana me disculpaba con Shelly porque Matt aún lo estaba leyendo."

Yo reí y dije, "Shelly dice que no te preocupes por eso, ahora tiene su propia copia."

Laura sacudió la cabeza y sonrió.

"Shelly también me está diciendo que estaba parada junto a ti hoy que estabas sosteniendo una foto de ella", dije.

"¡Oh, Dios mío!", exclamó Laura. Le había pedido a Shelly que viniera y dijera algo acerca de la foto para tener una confirmación. Matt había tomado una foto de ella y Shelly en la parte de atrás de su bote Memorial Day el fin de semana, dos fines de semana previos a su muerte.

"Estoy tan emocionada", dijo Laura. "Revelé las fotos un día después de que murió. Le pedí a Shelly (pensando que estaba completamente loca), poner una mancha o algo en la foto. Cuando obtuve la foto había algo muy notable en ella. En la foto, a través de las piernas de Shelly había un arco iris y lo que parecía una mancha de luz del sol sobre su cabeza. Era la única foto en la que estaba Shelly y la última de su vida. ¡Fue la única foto así!"

Al ver esta foto, Laura se dio cuenta de que se pueden pedir señales de parte de los seres queridos, pero hay que estar atento para notarlas.

"Shelly quiere que sepas que es un fantasma ahora", exclamé. "En realidad no, sólo te está bromeando. Me está diciendo que en realidad es un ángel y tiene sus alas", Shelly estaba riendo mientras me decía esto.

Laura dijo que Shelly siempre decía: "Hey, chica", y escucharlo y la forma en que lo enfatizó en la lectura la hicieron reír a carcajadas.

"Sé también lo que quiere decir con 'ángel'", dijo Laura. "Fui a comprar un portarretrato para mi foto con Shelly y estaba buscando uno con la palabra 'amigas'. Encontré el que pensé era perfecto y sobre él tenía escrito 'ÁNGELES, dulces protectores'."

Laura estaba rebosante de alegría con los mensajes de su amiga.

"Shelly dice que esperó para ser la última en venir, pues los 'viejos amigos' deben ser primero."

"Ésa era Shelly", dijo Laura con una sonrisa.

Ahora he hecho la promesa al *otro lado* de revelar todo lo que me den durante una lectura, ¡pero mi conversación con Shelly me exaltó!, pues le estaba dando a Laura todas estas maravillosas confirmaciones de amor cuando de repente todo lo que tenía era un espíritu haciendo algo que nunca antes había visto.

¡Shelly *se mostró* ante mí!

Créanme, estaba conmocionado y muy sorprendido por esto. Aquí estoy transmitiendo cálidos y pensativos mensajes de Shelly ¡y ella me muestra sus senos! Comencé a pensar: ¿por qué haría esto?, ¿le digo a Laura? ¿Shelly está siendo la que era antes y me está jugando una broma? Recuerden que todo esto pasó mientras yo aún le estaba diciendo a Laura lo que Shelly había dicho antes. Por lo general yo estoy un paso adelante de la conversación, pero ahora estoy literalmente entre dos conversaciones.

Mi creencia es que los espíritus no muestran o me dicen algo a menos de que tenga un significado, en este caso, ¡mejor lo intento!

"Laura, tengo que decirte algo y espero que haya alguna conexión porque estoy muy apenado al decírtelo".

Laura dijo, "¿qué es?"

"Bueno", continué, "Shelly me mostró sus pechos. No sé por qué, pero en realidad espero que signifique algo para ti."

Esperé su respuesta y ¿saben qué? ¡No significó nada para Laura!

Ahora, en este punto, mi cara se puso roja. Ambos comenzamos a reír (gracias a Dios), pero Shelly continuaba mostrándome sus senos y también estaba riendo.

"Laura, ¿estás segura?", cuestioné. "Me los sigue mostrando, eso debe significar algo", continué. "¿Era conocida por esto? ¿Estaba especialmente orgullosa de sus senos?" Mi alma pendía de un hilo. Aunque seguía riendo, Laura no pudo hacer ninguna conexión.

"De acuerdo, sólo tenlo en mente, pues dice que lo recordarás."

¡A Dios gracias lo hizo!

Laura, Matt, Shelly y Ben tenían planes para ir a Nueva Orléans para el *Mardi Gras*. Laura recordó haber hablado con Shelly acerca de cómo la gente que pasa en los carros alegóricos en el desfile lanzan collares de cuentas a las mujeres que se levanten sus camisetas. Aunque querían algunos de los collares no estaban seguras de tener el coraje suficiente para hacer esto. Laura ya había entendido lo que Shelly le estaba diciendo para que continuaran: hicieran el viaje y se divirtieran. Shelly estaría ahí también. Laura dijo que era justo la personalidad de Shelly para decir de esa forma que continuaran con el viaje.

Estuve complacido (y lo estoy) de que finalmente Laura entendiera lo que Shelly le decía que hiciera. ¡Qué manera tan excéntrica de hacerlo!, pero así fue –y es–, Shelly.

12

Los perros van al cielo

Al igual que cualquier dueño de una mascota, les diré que forman parte de la familia. ¿Qué nos hace amar tanto a los animales? ¿Es la forma en que lucen? ¿Es porque son una buena compañía? Sí, por todo lo anterior, pero también amamos su personalidad. Si ustedes tienen una mascota, saben exactamente de qué estoy hablando.

Alguien que tiene varias mascotas les podría decir en detalle la personalidad de cada una. ¿De dónde viene su personalidad? Bueno, así como ya lo hemos discutido: su alma. Sí, los animales también tienen alma.

¿Y adónde va su alma? Al cielo.

La gente quisiera saber si me es posible hablar con sus mascotas que están en el *otro lado*. La respuesta es, a veces, sí. Los seres queridos en el otro lado pueden mostrar o decirme durante una lectura que una mascota en particular está con ellos, mostrándoles que están seguros y en buenas manos. Los seres amados transmiten este mensaje, aunque en ocasiones, en realidad puedo recibir mensajes de la propia mascota. No, la mascota no comenzará a hablarme como si tuviera voz. Lo que hacen es utilizar la clarividencia, clariaudiencia o clarisentencia, en donde usan imágenes, sonidos o sentimientos para transmitir un mensaje.

En ocasiones sus mensajes pueden depender de la interpretación.

Un sábado, Kathy y yo fuimos a Orlando, Florida para tomar varios seminarios. Como suele suceder, abrí con una pequeña meditación para el grupo y estaba listo para comenzar con las lecturas. Varios espíritus llegaron y transmití mensajes a su familia y amigos que estaban entre el público. Iba bien, con varios mensajes graciosos, así como de historias conmovedoras, y casi para terminar, bebí un trago de agua para calmar mi sed y pregunté si alguien tenía alguna pregunta.

Una mujer joven levantó su mano y preguntó: "¿Puedes contactar perros que han muerto? Yo tuve uno y me gustaría saber si está bien."

Bueno, otra vez, justo como cualquier lectura, no depende de mí, depende del otro lado, pero le dije que estaba dispuesto a intentarlo.

Comencé abriéndome para ver si podía conectarme con la energía del perro. De nuevo, al hacer esto, no sé si la mascota va a llegar o si lo va a hacer un ser querido. Esta vez iba a ser el perro.

Comencé a ver al pequeño corriendo e hice mi mejor esfuerzo para mantenerlo quieto. Al igual que a cada humano, son quienes son y éste era un pícaro.

"¿Tu perro era pequeño y corría constantemente?, porque el que está aquí sí."

El público rió y ella respondió: "Así era él. Su nombre es Cubby."

"Bueno, Cubby aún sigue corriendo", dije bromeando. "Estoy intentando ponerlo quieto por un momento."

"Oh, Dios", respondió ella.

"Bueno, puedo decirte que Cubby está muy feliz de estar aquí y me está mostrando que aún tienes su comida, ¿es verdad?"

"Sí, no he podido deshacerme de ella aún."

"De acuerdo", dije, "déjame ver qué más puedo conseguir. ¿Acabas de quitar el nombre de su collar? Me está mostrando que lo quitaste", dije. "Sí, quería guardarlo conmigo como recuerdo", dijo.

Yo respondí: "Bueno, parece estar feliz de que lo hayas hecho."

Todos en la sala escucharon.

"¿Cubby solía rasguñar y morder los muebles?"

Confusa, la mujer dijo, "no".

Yo dije, "me está mostrando el mobiliario y se ve rasguñado y mordisqueado".

"Déjame pensar un momento, no, no lo creo", contestó ella.

Le pedí a Cubby que me dijera más.

"Lo creas o no, no quiere dejar pasar esto. Él debe haber rasguñado los muebles, me sigue mostrando la pata de una mesa con marcas en ella."

"Oh, ya sé, apuesto a que está hablando de la puerta trasera; siempre rasguñaba la puerta para que lo dejáramos salir, y dejó marcas en ella."

Por mucho que me hubiera gustado decirle que sí, sabía que no era eso lo que Cubby me estaba mostrando.

"Voy a decir que no a eso. Me sigue mostrando la pata de una mesa, no una puerta, así que me voy a apegar a lo que estoy viendo. Esto es un reto ahora y vamos a tomarlo", dije sonriendo.

Hubo un silencio en la sala y todos estaban atentos a cada palabra, pues querían resolver el rompecabezas también.

"De acuerdo, déjame intentarlo de nuevo... esto es lo que estoy viendo. Me está mostrando una mesa, pero más que eso, la pata de la mesa y la está mordisqueando."

"No, nunca lo hizo", dijo ella.

La gente en la sala estaba en total silencio, que se podía escuchar un alfiler caer.

"Sí, lo hizo", dije. "Mordisqueó la pata".

Ella estaba sacudiendo la cabeza diciendo que no, así que finalmente dije sin pensar, "¿mordió *su propia* pata?"

Sus ojos se abrieron y gritó, "¡Sí, mordisqueó su pata por completo!"

Todo el público se quedó sin aliento.

Mientras esta joven intentaba entrenar a Cubby, un día lo tuvo que dejar en una gran jaula con una cobija porque debía ir a trabajar. La cobija tenía algunos bordados y las costuras eran de hilo invisible, como el que se usa para pescar. Cubby, al caminar alrededor de la jaula, enredó su pata con un pedazo de hilo suelto. Al sentirse atrapado se puso nervioso y comenzó a dar vueltas en la jaula, ocasionando que el hilo se tensara hasta que le cortó la circulación de su pata. Como a la mayoría de los animales, le dio pánico e intentó liberarse y comenzó a morder su extremidad. No podía sentir su pata, así que no se dio cuenta de lo que estaba haciendo. Por suerte, esta herida no fue fatal y Cubby pasó muchos años felices con ella.

Esto fue el perfecto golpe de información para confirmar a su dueña que el perro aún estaba ahí, comunicándose con nosotros.

🌿

Las mascotas son una parte importante de la vida de mucha gente, pues dan amor incondicional. Una vez más, el amor nunca muere, ni tampoco el de ellos. *No habría cielo sin ellos, ¿cierto?*

Parte IV

Discernimientos

En la siguiente sección me gustaría
compartir con ustedes algunas de las cosas
que he aprendido al hablar con aquellos
que están del **otro lado.**

13

Preguntas desde la Tierra, respuestas desde arriba

Primero, yo también estoy ansioso por saber exactamente cómo es el cielo y lo que hemos estado esperando una vez que morimos. Pero también deben saber que los espíritus sólo pueden transmitir cosas que pueden ser percibidas por nuestra mente humana.

El cielo está más allá de cualquier cosa que podamos imaginar. Sería como si estuviéramos viendo un programa de televisión a color en una televisión en blanco y negro. Aunque el programa (el cielo) está a color, la televisión en blanco y negro (nuestra mente humana) nunca podría describir su verdadera magnificencia. Los espíritus me dicen que no hay palabras que puedan acerarse para describir lo que es en realidad.

Las preguntas

¿Por qué estamos aquí?

Nacimos en este cuerpo físico, pero ante todo, somos espíritu. Venimos a esta vida para ser puestos en situaciones que intensifiquen nuestro crecimiento espiritual. Depende de nosotros crecer o no con estas experiencias. Todos los sentimientos y emociones que producimos a través de nuestras acciones y reacciones en cualquier situación se vuelven parte de nosotros y contribuyen al crecimiento de nuestra alma. Al enriquecer nuestra alma con amor, nos acercamos más a Dios.

¿Hay un Dios?

Sí, pero para que nosotros podamos comprender por completo quién o qué es Dios, es otra vez, nuestra comprensión humana. Los espíritus me dicen que Dios es parte de cada ser viviente y cada ser viviente es una parte de Dios. Él y su amor son la luz que ilumina el cielo. El sol no es sino una débil luz en comparación. Dios es siempre perdón, conocimiento y amor. Dios siempre está presente. Dios es la vida. ¡Es Dios!

En el cielo, uno existe en una conciencia y entendimiento más grande de Dios, pero siempre sabemos que no tenemos que estar en el otro lado para ver o experimentar a Dios, pues él y su amor nos rodean siempre. Mira los ojos de un niño cuando ve los regalos debajo del árbol de Navidad, la cara de una novia cuando su esposo le prodiga su amor, o la cara radiante de un padre con su hijo recién nacido. Mira dentro de tu propio corazón.

Al hacer cosas buenas por los demás, Dios está ahí contigo y en ti. Éstas son reflexiones de Dios.

¿Existe un cielo?

El cielo es un lugar real. Es tangible y va más allá de lo que conocemos como tridimensional. No es sólo un lugar que se ve, sino también un lugar que se siente.

A la mayoría de nosotros nos dicen que si somos buenos iremos al cielo, y si somos malos iremos al infierno. Bueno, eso deja espacio para muchas cosas; ¿qué es Dios y qué es malo?

¿Ser rico y donar mucho dinero a la caridad o a una iglesia, no porque venga del corazón, sino porque nos ayuda a reducir impuestos, es ser bueno?

¿No donar dinero a una casa de caridad o iglesia porque no podemos permitírnoslo, aunque desearíamos hacerlo, es ser malo?

No son necesariamente las acciones físicas lo que cuenta, sino dónde está tu corazón es lo que determina lo *bueno* o lo *malo*. Esto y sólo esto, determinará el lugar en el que se está una vez que se llega al *otro lado*.

Existen diferentes niveles en el *otro lado*. No intenten pensar en términos físicos, sino en un sentido emocional o espiritual. Ahí uno irá al nivel en el que se está espiritualmente igual a otros, dependiendo de sus acciones en la vida y su crecimiento espiritual en la Tierra. Las almas se encuentran con almas similares.

Esto no es para decir que estamos separados de nuestra familia y amigos que pueden no estar en el mismo nivel, sino todo lo contrario; podemos estar en diferentes grados, pero todo existe en cada uno de nosotros.

En el cielo hay tierra, flores, árboles y animales. La naturaleza está presente y floreciente allá. Los colores en el cielo son más intensos de lo que podemos imaginar. No sólo vemos la belleza de la naturaleza, sino en realidad también la *sentimos*. Tomar una flor, por ejemplo; en la Tierra, podemos mirar una flor, tocarla y oler su aroma. En el cielo, también somos capaces de conectarnos con su energía. Nos podemos conectar con la energía de todas las cosas vivientes.

La gente puede y vive en casas. Las casas que tenemos dependen de nosotros. Más que probable, la primera casa a la que iremos será una de nuestro pasado, una en la que estuvimos cómodos. Esto puede hacer la transición más fácil. Recuerdo haber hablado con un hombre en el *otro lado* que fue constructor. Él le dijo a su esposa aquí en la Tierra que estaba construyendo el hogar de sus sueños. Me describió como un estilo victoriano, con un cobertizo que rodeaba la casa. Dijo que tendría el pequeño riachuelo que siempre quiso, que correría bajo un puente cerca de la casa. Su esposa no pudo creerlo porque yo había descrito la casa que ellos siempre habían deseado, pero no pudieron comprar. En el cielo se puede tener lo que se ganó en la Tierra.

Quizá se haya escuchado que el cielo siempre está soleado y cálido: ¡no lo crean! He hablado con muchos espíritus que me han dicho que puede estar nublado, nevado, lluvioso; se puede disfrutar de todas las estaciones aquí.

Créanlo o no, ¡también tienen comida! Aunque no es necesario comer en el *otro lado*, es realmente por placer. También los panaderos y cocineros ahí se tienen que mantener ocupados.

Una vez contacté a un espíritu que me dijo que iba a casa de un amigo a una barbacoa. ¿Por qué nos debe de sonar extraño? ¿Por qué no tendríamos los mismos placeres que disfrutamos aquí?

Ellos también celebran días festivos. Mi madre me ha platicado de las diferentes ocasiones en que se ha reunido la familia para celebrar días festivos y reuniones alrededor de la mesa. Sería una gran mesa, pues ella tiene doce hermanos. Recuerden que es el amor lo que rodea las reuniones que tenemos aquí en la Tierra y en el cielo es lo mismo.

Lo grandioso de aquellos que están del *otro lado* es que no sólo ellos celebran con quienes han conocido, sino que también continúan celebrando con nosotros aquí en la Tierra. En realidad es lo mejor para ambos mundos. Es un ambiente real, con gente real viviendo la vida.

Muchos se imaginan el cielo como algo lejano, mucho más allá de nuestro universo, pero es todo lo contrario. La Tierra y este universo son todos parte del cielo.

¿La Tierra es el infierno?

Tal vez hayan escuchado o utilizado la frase "si hay un cielo, entonces la Tierra debe ser el infierno".

¿Pueden imaginar lo que Dios piensa cuando escucha esto?

Dios nos ha dado muchas cosas hermosas y maravillosas para disfrutar en la Tierra y cada segundo en ella es un regalo, un milagro. Son sólo aquellos que no lo aprecian quienes le llaman infierno. Todo lo que sentimos que está equivocado con esta Tierra no ha sido ocasionado por Dios, sino por nosotros. Lo importante es aprender y crecer de cualquier hecho negativo que podamos experimentar.

Katy tiene un gran dicho: "Si puedes pensar que tienes un problema, sólo espera cinco minutos, mira alrededor y verás a alguien peor que tú, entonces tu problema no parece tan malo." Me encanta este dicho porque es verdad. Tenemos que poner las cosas en perspectiva. Sí, puede haber muchos retos aquí, para decir lo mínimo, pero ¿y qué?, ¿no los superamos con frecuencia? Y cuando lo hacemos, ¿no se siente como si hubiéramos crecido por ellos? Adivinen qué, eso es para lo que estamos aquí en primer lugar, para amar, aprender y luego ir a casa.

¿Existe un infierno?

Sí, pero en el *otro lado* es el estado de existencia en un nivel más bajo, un estado de ser más bajo.

¿Dios te pone ahí?

No, uno mismo se pone ahí.

En el *otro lado*, se ve y se siente el efecto que se tuvo en cada persona que conocimos en la Tierra. Aquellos que llevaron una vida que ocasionó daño, dolor o estuvo llena de odio hacia los demás encontrará toda esa negatividad. De nuevo, se vuelve parte de ello. Dios perdona, pues es siempre amor, no vengativo.

Quiero repetir eso: *Dios no es vengativo.*

Pero cada uno es quien se tiene que perdonar a sí mismo. En el *otro lado*, eso es lo más difícil de hacer. Ahí se pueden ver todas las posibilidades de lo que pudo haber sido, pero también las cosas que tú mismo te negaste. Tenemos que observar nuestras propias acciones y sentir cómo éstas han afectado a otros. Recibimos guía y consejo de aquellos que están en los niveles más altos, pero tenemos libre albedrío para aceptar o rechazar cualesquiera y toda ayuda.

¿Alguien que está en el estado de "infierno" se queda ahí para siempre?

"Para siempre" es un término que usamos repetidas veces, pero no hay algo como el tiempo en el *otro lado*. Una vez que cada alma ve, entiende y llega a un acuerdo de cómo vivieron, tienen la oportunidad de surgir para estar más cerca de Dios y pueden hacerlo regresando y viviendo de nuevo en la Tierra o ayudando desde allá a las almas que van por el mismo camino que ellos.

Es muy parecido a *Un cuento de Navidad*, de Charles Dickens. Marley regresa para ayudar a que Scrooge se de cuenta de todos los errores y oportunidades perdidas que tuvo mientras estaba vivo. Dios no estaba castigando a Marley, sino que él se estaba castigando a sí mismo después de haber vivido una vida tan egoísta y solitaria.

Dios es lo suficientemente lleno de gracia para permitirnos llevar nuestra propia vida y aunque recibimos ayuda de los espíritus cada día, depende de nosotros escuchar.

¿Tenemos cuerpo al estar en el cielo?

Hay dos diferentes cuerpos que tenemos en esta Tierra, uno físico y el otro espiritual, en la Tierra, el cuerpo espiritual, o alma, está cubierta por el cuerpo físico. Es dentro de este cuerpo que experimentamos dolor físico o placer en esta Tierra. En el cielo es lo contrario. Es el cuerpo espiritual que rodea al cuerpo físico.

Cuando encontramos a nuestros seres queridos en el otro lado, cualquier signo de envejecimiento, enfermedad o malestar no existirán dentro de ellos, pues esto no existe en el cielo. Si conocimos a alguien que murió a edad avanzada, digamos un abuelo, vendrán a nosotros como cuando eran más jóvenes. Será como si estuvieran en su plenitud. Un niño que muere continuará creciendo, no sólo espiritual, sino físicamente aunque su crecimiento físico no necesariamente ocurrirá en el mismo sistema de tiempo que hay en la Tierra.

No importa qué cambios puede haber tenido una persona en el otro lado, al instante sabremos quiénes son. Los reconoceremos por su esencia espiritual y lo mismo ocurre en el otro lado. La apariencia espiritual es el corazón de quienes somos en el cielo. El cuerpo espiritual también puede tener sus dolores y penas, pero son muy diferentes.

Un ejemplo de esto es cuando el corazón duele por un ser querido. No es en realidad el corazón lo que duele, sino el alma. ¿Ven la diferencia?

Otro ejemplo; cuando nos vemos en una fotografía o un espejo, ¿sentimos la edad? Algunos nos sentiremos más jóvenes que nuestra edad física y algunos más viejos. De nuevo, no estoy hablando de cómo se siente el cuerpo físico, sino cómo nos sentimos por dentro. También podemos sentirnos viejos para algunas cosas y jóvenes para otras. El espíritu está hecho de las muchas experiencias que hemos tenido y es por estas experiencias por las que madura nuestra alma.

¿Qué pasa cuando morimos?

El alma sabe cuándo es tiempo de salir del cuerpo. Si una persona muere después de una larga enfermedad y sufrimiento, su alma puede estar dentro y fuera del cuerpo, preparándose a sí misma para la transición. Muchos espíritus con los que he hablado que estuvieron en coma antes de morir, pudieron estar junto a su cuerpo y observar, escuchar y sentir a sus seres queridos que tenían a su lado. Si se estuviera en una situación así, nunca hay que dudar que los seres amados escucharon sus oraciones. En verdad lo hicieron.

También me han dicho que al salir del cuerpo, especialmente quien ha sufrido una larga y prolongada enfermedad, es como quitarse un abrigo viejo y pesado. Los espíritus con quienes me he comunicado están demasiado felices de estar fuera de ese cuerpo.

Si alguien muere rápidamente, por ejemplo, en un accidente automovilístico, pueden estar primero un poco desorientados y confundidos por lo que les ha pasado. ¿Quién no lo estaría? Imagínense manejando un minuto y al siguiente estar en el cielo. Eso podría ser desconcertante, por decir lo mínimo. Con más frecuencia, los espíritus en esta situación me dicen que en realidad vieron el accidente por afuera de sus cuerpos, y mientras lo hacían no sintieron dolor; ¿su vida se interrumpió? No como tal. De nuevo, lo que puede parecer un accidente para nosotros, no lo es. Venimos aquí a aprender lecciones, así como a enseñar a otros; algunas almas pueden hacer esto en el lapso de tiempo normal de vida, otros pueden hacerlo más rápidamente.

Cuando un alma muere, nunca experimentan la transición por sí mismos. Aunque podamos conocer a alguien que creíamos podía haber estado solo cuando hizo la transición al otro lado, puedo prometerles que no lo estaban. Cada uno de nosotros tiene seres queridos, guías y ángeles que nos ayudarán con nuestra transición. Están ahí para responder todas las preguntas que surjan en ese momento.

Y recuerden: aunque sintamos la muerte de un ser querido como alguien que se fue, del otro lado es lo contrario porque nuestros parientes y amigos en espíritu lo ven como una llegada feliz.

De igual forma, algunas personas me han dicho lo culpables que se sintieron de haber dejado a un miembro de la familia enfermo por un momento y cuando regresaron, la persona había fallecido.

Déjenme decirles que no es debido a un mal momento o por accidente. Muchas veces los espíritus me dirán que esperaron a sus seres queridos para dejar el cuarto antes de morir. Los espíritus en ocasiones comentan, de forma graciosa, que creyeron que sus seres queridos ¡nunca se irían!

Así que si esto les ha ocurrido, nunca se sientan culpables por ello. Un alma sabe cuándo es tiempo de ir a casa.

¿Qué sigue después de que los seres queridos, guías y ángeles te han saludado?

Después de la reunión en el otro lado, se tiene lo que podríamos llamar una *revisión de la vida* o el *resultado del examen*. Sé que hay gente que dice que han visto toda su vida pasar ante sus ojos. Pues es verdad. Dios nos mostrará cada momento de nuestra vida que se refleja en el crecimiento del alma, pero lo único que se puede o no saber acerca de la revisión es que no sólo se ve la vida entera, sino que también se *siente*. Esto incluye el cómo hacemos sentir a la gente. La regla de oro dice, "no hagas a los otros lo que no quieras que te hagan a ti". Son las palabras más verdaderas jamás escritas. Aquí hay un ejemplo de lo que significa:

Digamos que un día me levanté de mal humor. Fui a una tienda y le grité al vendedor. Tomé mis sentimientos de enojo y los puse sobre él. Este vendedor, ahora de mal humor, le grita a los demás empleados y éstos a su vez se enojan con otro cliente. Por otro lado, yo no sólo siento cómo hice sentir al empleado, sino también toda la reacción en cadena, lo único que originalmente ocasioné. Como dije antes, los sentimientos y aquellos que los ocasionan son la esencia central en el cielo y no quieres que las energías negativas sean parte de tu alma.

Recuerden que también lo opuesto es cierto; es decir, estás de muy buen humor y entras a una tienda y le dices un cumplido al vendedor. Tal vez haya tenido un mal día pero tus comentarios lo han puesto de buen humor, mismo que transmite a alguien más. Por otro lado, esta reacción positiva en cadena también se vuelve parte de ti.

Durante tu revisión, harás conexión con tus seres queridos que aún están en este mundo. Verás y sentirás cómo otros reaccionan a tu vida y a tu muerte. Recibirás sus sentimientos, buenos o malos. Durante este tiempo, confortarás a tus seres queridos y les enviarás energía positiva y llena de amor.

Sé que la mayoría de ustedes han sentido a sus seres queridos al asistir a su funeral. Esto sucede porque en *realidad* es así. Ésta es su forma de conectarse con ustedes. Es en verdad una pena que mucha gente crea que es sólo su imaginación, pero quienes sí creen, saben que son muy afortunados.

¿Los espíritus se entristecen por nosotros?

Muchas veces me han preguntado si los que han muerto están tristes por aquellos que dejaron detrás al tener que pasar por tal dolor. Ellos no están necesariamente tristes, sino que *compadecen* a sus seres queridos. Ellos tienen ahora un gran entendimiento de lo que se trata la vida en realidad. Ven la imagen real y saben que aún están con sus seres queridos en la Tierra.

Es como si estuviéramos con un niño que ha perdido su juguete favorito. En ese momento, el niño está devastado y el mundo parece terminar. Aunque sabemos que este juguete significa mucho para él, como adultos entendemos que pasará por esa tristeza y habrá que reconfortarlo y hacer lo que se pueda por ayudarle.

Desde el punto de vista de los espíritus, nosotros somos los niños y ellos los adultos y nos reconfortarán de cualquier forma posible.

¿Qué hacen los espíritus una vez que están en el otro lado?

Bueno, déjenme decirles que si se imaginan que todas las almas están descansando sobre las nubes todo el día y tocando harpas, piénsenlo de nuevo.

Nuestros seres queridos *harán* algo en el cielo. Llamémosles trabajos si quieren, pero no piensan en ello de esa forma. Alguien que amó a los niños aquí puede escoger ayudar niños que han muerto. Aquellos que disfrutaban la enseñanza, lo harán en el otro lado, como crecimiento espiritual, pues el aprendizaje continúa. Los amantes de las mascotas pueden dar la bienvenida al otro lado a los recién llegados y encontrar hogares para los espíritus de estos animales. Hay tantas tareas allá como las que nuestra mente humana puede imaginar y aún más.

No sólo haremos cosas para quienes están allá, tal vez se quiera ayudar a aquellos que están en la Tierra. Los espíritus que tuvieron una cierta profesión o experiencia, como médico, maestro, artista o cantante, sólo por nombrar algunos, ayudarán a aquellos que tienen el mismo talento o habilidad allá guiándolos al usar los dones que Dios les dio a lo mejor de sus habilidades. Todos estamos bendecidos con la ayuda de los espíritus cada día.

¿Hay diversión en el otro lado?

Si llevas una buena vida, imagina estar en el terreno perfecto con todo lo que quieres y haciendo todo lo que te gusta. Suena como el cielo, ¿cierto?

Bien, ¡lo es!

Así como lo hemos establecido, el cielo es un lugar sólido en donde se pueden cosechar todas de sus muchas bendiciones. Cualquier cosa que nos traiga alegría aquí, allá seguirá siendo igual.

Nuestros seres queridos tienen reuniones con la familia y amigos, durante las cuales reflejan la alegría de estar en la presencia de Dios y se complacen en toda la gloria. Cualquier actividad que se puedan imaginar –y lo que nunca han soñado– se disfruta estando allá, desde ir a conciertos hasta practicar jardinería, deportes, viajar, pasear en bote, nadar, esquiar, ¡la lista es interminable!

Nunca te rindes de las pasiones que tienes aquí, por el contrario, puedes vivirlas.

Una mujer vino una vez, quería conectarse con su abuela que había muerto de cáncer. En sus años de juventud, su abuela había sido bailarina en las *Folies de Ziegfield* y solía contar historias de cómo, en su juventud, fue considerada una "mujer muy atractiva" y cómo disfrutaba bailar y actuar para la gente. Para cuando su hija y también su nieta se habían ido a hacerle compañía, los días de sus actuaciones quedaron en el pasado, sólo como un dulce recuerdo en una tarde de té o de lluvia. Su abuela, de hecho, le hizo saber a su nieta que era joven de nuevo y estaba de regreso en el escenario haciendo lo que era natural para ella –llevar alegría a quienes estaban del otro lado con el don de bailar.

¿Existe la reencarnación?

Mucha gente me pregunta si tenemos más de una vida. La respuesta es sí. ¿Cuál es el propósito de la vida? Mejorar nuestras almas y ayudar a otros a hacer lo mismo ¿Cómo lo hacemos? Aprendiendo o enseñando a otros de las situaciones que encontramos aquí en la Tierra.

Al pensar en la vida como una escuela, en cada grado aprendemos lecciones para incrementar nuestro conocimiento, para volvernos lo más inteligentes posible. Una vez que terminamos un grado, hacemos nuestro ese conocimiento y pasamos al siguiente nivel. Posiblemente no podríamos cursar lecciones de segundo grado hasta aprender lo básico del primero. Una vez que se han completado todos los niveles, nos graduamos. Por esto es por lo que reencarnamos, para aprender y enseñar diferentes lecciones espirituales con cada vida, así que nos podemos graduar ante Dios.

Si piensan en ello, ¿por qué es tan difícil de aceptar la reencarnación? Ustedes creen que el alma entra a su cuerpo en esta vida, entonces, ¿por qué es tan difícil de creer que puede hacerlo más de una vez?

De nuevo, Dios es siempre amor y comprensión. ¿Por qué daría sólo una oportunidad a cada alma? ¿Cuántas veces regresamos? Eso depende de nosotros. Depende de qué lecciones escogemos aprender, cuánto tiempo y cuántas vidas nos lleva hacerlo.

¿Cuáles son las diferencias entre los ángeles guardianes y los espíritus guía?

Mientras permanecemos en la Tierra, tememos un guía principal que nos ha ayudado a cada paso del camino a través de la vida. Esto es a lo que nos referimos como a un "guía espiritual".

Esta presencia no es conocida por la mayoría de la gente mientras estamos en la tierra, sin embargo está con nosotros. Muchas veces la gente considera erróneamente a estos guías como ángeles guardianes, pero no lo son. Los espíritus guía son almas que han vivido en la Tierra antes y quizá los hayamos conocido en una vida pasada o no. Un espíritu guía nos ayudará en el camino que hemos escogido en esta vida y con las lecciones que necesitamos aprender. Podríamos considerar a ese guía como un *tutor* y ciertamente se puede tener más de un guía a la vez, dependiendo de la situación en la que nos encontremos, pero se tendrá un guía principal a través de toda la vida. Así como todos tenemos una especialidad, los guías tienen poderes que usan para ayudarnos en cualquier área que nosotros deseemos. Paciencia, amor y entendimiento son sólo algunas lecciones con las que nuestros guías nos ayudarán.

Los ángeles también nos guían. Los ángeles guardianes son seres que nunca han vivido en la Tierra. Estos seres sagrados nos ayudarán dirigiéndonos y serán nuestros guías cuando los necesitemos. Pueden llamar ángeles a los *intermediarios* entre Dios y los humanos. No me mal entiendan, Dios está con cada uno de nosotros siempre, pues somos parte de Él. Los ángeles son una carrera hacia ellos mismos. En algunas formas son físicamente diferentes a nosotros aun cuando tienen algunas características humanas. Su amor por Dios se refleja en su servicio hacia nosotros, pues ellos nos protegen, nos guían y nos reconfortan.

Los ángeles y los espíritus guía son *sólo un regalo más* que Dios nos ha dado en nuestro viaje.

¿Qué son las almas gemelas?

Hemos escuchado que el término "almas gemelas" se usa mucho, pero ¿qué es lo que significa en realidad? ¿Es la persona con la que nos casaremos? ¿Podemos tener más de un alma gemela?

Un alma gemela es alguien con quien compartimos más que una amistad. Es alguien con quien tenemos una conexión o un lazo que no es igual a ningún otro. Se puede tener más de un alma gemela, pero cada una tendrá sus cualidades únicas.

Mi hermana Kathy y yo somos almas gemelas. A diferencia de otros hermanos y hermanas que conocemos, Kathy y yo siempre hemos estado cerca. Es difícil describir con palabras el lazo que tienen las almas gemelas, pero lo sabemos cuando está ahí. Nosotros somos parte de cada uno y nos podemos decir todo mutuamente, pero probablemente no tengamos que hacerlo, pues cada uno sabe ya la verdad del otro. No habría momento en el que no hiciéramos todo por el otro ni necesitaríamos preguntar. Las almas gemelas se encuentran para ayudarse entre sí, o tal vez para ayudar a otros, pues comparten un lazo que puede soportar la prueba del tiempo.

Aunque Kathy y yo tenemos los mismos intereses y gustos (la mayor parte del tiempo), uno puede ser completamente el opuesto de su alma gemela de diferentes formas. No es el mundo físico el que nos une, sino la conexión con nuestras almas.

Un alma gemela puede entrar en cualquier etapa de nuestra vida. Llegará cuando sea el momento exacto.

¿Cuál es la diferencia entre religión y espiritualidad?

Hay muchas religiones en el mundo y casi todas tienen la misma esencia de la verdad. Son nuestras diferencias humanas las que causan las variaciones de esa verdad.

La espiritualidad es la esencia.

Es el entendimiento puro de Dios y el conocimiento universal de la vida y la existencia de una vida después de la muerte. Es una compilación que va con cualquier religión, cualquier creencia. La espiritualidad debe intensificar la fe de uno, no obstaculizarla.

Parte V

Nunca digas adiós

Quiero calmar cualquier mal entendido o culpa que puedan tener al continuar o terminar la relación con sus seres queridos en espíritu.

14

No hay que dejarlos ir

He leído en algunos libros o escuchado que otros dicen que después de un tiempo tienen que *dejar ir* a sus seres queridos después de su muerte.

Esto es absolutamente ridículo.

El cielo no es un lugar remoto al que irá un espíritu después de estar aquí un tiempo asegurándose de que "estamos bien".

Lo importante es que, una vez que la persona muere, adivinen qué, ¡ya está en el cielo!

Así es, ellos pueden saborear todo lo que es y tiene el cielo, pero aún pueden *continuar* compartiendo su vida aquí, así que no puedes evitar que se vayan al cielo.

Pongámoslo en perspectiva. Digamos que eres un padre de familia y si te dieran a escoger entre vivir en el paraíso *o* estar con tu hijo.

¿Qué escogerías?

Apuesto a que tu respuesta es estar con tu hijo. Por supuesto que sí, y ¿por qué?

Porque no importa lo que el paraíso tenga que ofrecer, nada podría darte más alegría y felicidad que el estar con tu hijo (esto en realidad aplica al estar con tu esposo, esposa, madre, padre; cualquier persona que ames).

En el cielo no tienes que elegir; obtienes lo mejor de ambos mundos; disfrutar la vida en el otro lado y continuar siendo parte de tu familia y amigos en la tierra.

❧

Una joven llamada Linda sufría por la pérdida de su esposo Fred y vino a verme. Después de su muerte, Linda leyó muchos libros acerca del más allá y tenía fe en que la vida de Fred continuara en el cielo. Pero Linda se sentía culpable de que su amor lo estuviera absteniendo de continuar.

"Linda, tu esposo está parado junto a mí y dice que tiene mucho que contarte."

Linda estaba muy feliz de escuchar eso.

Pude sentir que este hombre tenía mucho amor por su esposa; era muy tangible.

"¿Fred era irlandés?", pregunté.

"No", señaló.

"Mmm... de acuerdo, ¿estás planeando un viaje a Irlanda?"

"No que yo sepa", dijo Linda, con risa nerviosa.

Yo sonreí, "no quiere que pase desapercibido; déjame trabajar con esto por un minuto".

Podría decir que esto fue importante para Fred. Me seguía mostrando un trébol y para mí eso significa que la persona es irlandesa o está planeando viajar a Irlanda. También podría decir que Fred estaba obstinado en mostrarme el trébol; disfrutaba hacerme trabajar para encontrar la información, la conexión.

"Puedo decir que Fred es el tipo de persona al que le gusta hacer trabajar a la gente por la respuesta", dije con una sonrisa.

"Oh, es él", dijo Linda, sonriendo de nuevo.

Yo continué, "ahora está hablando de cocinar. Estas dos cosas van juntas, están conectadas. Dice algo acerca de guisar y que no debes intentarlo de nuevo".

Linda rió a carcajadas con lo que dije.

"¡Estofado irlandés!", exclamó. "Para nuestra primera cena, intenté hacer estofado irlandés y fue un completo desastre."

"Me está diciendo que cocinar no es tu fuerte, pero le encantaba cuando lo intentabas", dije.

Los ojos de Linda comenzaron a llenarse de lágrimas de felicidad.

Fred tenía un gran sentido del humor y mientras continuaba la lectura, se volvía más fuerte y mejor comunicador. Sentí que el lazo entre ellos era muy estrecho.

"Me está mostrando una playa y está diciendo que no es una muy poblada, sino un sitio en el que podían ser ustedes mismos."

"Oh sí", dije, "teníamos un lugar privado en una playa apartada."

"Me dice que quieres ir ahí de nuevo, pero ¿es muy doloroso?"

Linda me explicó que era su "pequeño pedazo de cielo en la Tierra", y que era muy duro ir allá sola.

Respondí, "no estás sola, él me está pidiendo que te lo diga, no pienses así; sabes que él siempre está contigo y que en realidad te haría bien ir".

Fred estaba decidido en este punto; sabía que su viaje ayudaría a Linda a sanar y aun conectarse con su amor y los grandes recuerdos.

"Ahora está transmitiéndome que quiere hablar de los libros que has estado leyendo, los espirituales."

Linda respondió: "Sí, adelante."

"Fred está diciendo que quiere aclarar algo que has leído."

Linda se quedó en silencio.

"Estuviste leyendo un libro que decía que al continuar hablando con él, lo mantenías contigo y no lo dejarías ir."

Linda se derrumbó y comenzó a llorar.

"Sí", dijo, "leí que nuestros seres queridos estarán con nosotros sólo por un rato y luego querrán irse".

"Fred me está pidiendo que te pregunte, 'Linda, ¿adónde quieres ir?', tú fuiste su vida aquí y continuarás siéndolo allá. Él no se va a ningún lado; no le importa lo que esos libros te digan."

Linda continuó llorando, pero ahora con alivio y felicidad.

Fred quería que dijera la siguiente frase claramente y en voz alta; "Fred dice, '*Linda entiende esto: tú eres parte de mi cielo*'." Y con eso, yo también comencé a llorar.

Después de la lectura, Linda estaba muy agradecida porque Fred le dio ese mensaje. Ella estaba interesada en que su amor por él no permitiera que él hiciera lo que necesitaba hacer. Con su mensaje, ahora entendía que el dar amor nunca está equivocado, tanto para quienes están aquí como para los que se han ido al cielo.

❧

Los lazos de amor que compartimos con otros nunca mueren, aun cuando morimos. Ellos no quieren que sintamos pena alguna, ni por ellos ni por nosotros mismos y tampoco que los dejemos ir permanentemente o detengamos nuestro amor y la relación que tenemos con ellos.

De nuevo, los maravillosos sentimientos que tienen hacia los que están del otro lado en realidad los ayudan siendo parte de su alma. Al tener amor por los que estás en el *otro lado* y saber que aún están con nosotros, los hace más felices de lo que posiblemente nunca sepamos.

No importa si han pasado tres meses después de su muerte o treinta años, nuestros seres queridos siempre estarán con nosotros.

15

La falsa idea de "seguir adelante"

Algunos de ustedes se pueden preguntar; ¿qué pasaría si perdiera a mi esposa o esposo y quieres o te has vuelto a casar, estuvo o está bien *seguir adelante?*

La respuesta es, definitivamente, sí.

Como expliqué en la sección previa, un compañero que ha fallecido siempre continuará siendo parte de nuestra vida, claro, mientras así lo queramos o necesitemos que sea. Nunca hay que sentir que ellos pueden estar molestos o enojados con nosotros por encontrar a alguien más, pues el amor no tiene límites.

Alice se sentó frente a mí esperando que yo hiciera mi primera conexión para ella. Era una mujer de aproximadamente cincuenta años y había unos cuantos asuntos que quería resolver contactando a su esposo en el otro lado.

"Tengo que decirte, Alice, que tu esposo no me da ninguna oportunidad de abrirme. Me está diciendo que está listo ahora", dije.

"Es él, definitivamente", contestó Alice. "Nunca fue alguien que quisiera esperar."

Ambos empezamos a reír.

"Siento que ha tenido lo que llamo una muerte natural, que no tuvo ningún tipo de accidente."

"Es correcto", dijo Alice.

Yo me senté por un momento en silencio mientras el esposo de Alice comenzaba a darme el sentimiento de su muerte.

"Ahora siento una presión en mi cerebro y también estoy viendo puntos frente a mis ojos. ¿Tu esposo murió a causa de un tumor cerebral?"

"Sí. Fue cáncer en el cerebro", dijo Alice.

"De acuerdo, le estoy diciendo que puede dejar de hacerme sentir eso ahora, que vayamos al punto."

"Él siempre tuvo uno", dijo Alice.

De nuevo, ambos reímos.

"Estoy escuchando algo como 'Kel, Kelly'."

Alice saltó emocionada, "¡su nombre es Kelsey!"

"Muy bien, lo suficientemente cerca", dije sonriendo. "También me está mostrando que es calvo."

"Diría que perdió su cabello durante su enfermedad, pero para empezar nunca tuvo mucho", dijo Alice.

"Él aún no está... en el cielo", respondí. "Quiere agradecerte por todo lo que hiciste durante su enfermedad... en realidad significó mucho para él".

"No había nada que no hubiera hecho por él, él lo sabe", dijo Alice entre lágrimas.

"Claro que lo sabe", dije. "También hay un ocho asociado con su muerte."

"En abril se cumplirán ocho años", dijo Alice.

La lectura continuó con otras confirmaciones de eventos que ambos compartieron, pero cuando Kelsey comenzó a hablar del presente, Alice se puso un poco nerviosa.

"Kelsey quiere que sepas lo feliz que está por ti ahora."

Alice preguntó: "¿De verdad lo está?"

"No tengo idea por qué está tan feliz, pero puedo decirte que es la verdad, tiene que ver con un evento que ha tenido lugar. Déjame preguntar."

Me tomó un momento que Kelsey me respondiera.

"Me está mostrando un pastel de bodas. Alguien se acaba de casar."

Alice comenzó a temblar un poco.

"Bueno, sí", dijo ella.

"Espera un minuto, sigue apuntando hacia ti... ¿eres tú quien se acaba de casar?", pregunté con una sonrisa.

"Sí, sí", contestó de nuevo.

"Bueno, tengo que decirte algo que necesitas escuchar. Kelsey me está diciendo que puedes pensar que está molesto de que te hayas enamorado de alguien más y dice que eso es 'absurdo' ... son sus palabras, no las mías. No podría estar más feliz por ti."

Alice dio un respiro de alivio.

"Sé que él sabía cuánto lo amé y aún lo amo. Pero me enamoré y me casé con alguien más y he estado preocupada por lo que fuera a pensar de que volviera a casarme."

"Mira, él respondió tu pregunta antes de que la hicieras", dije.

"Seguro", Alice respondió.

"Tal vez no creas esto, pero me está diciendo que estaba parado junto a ti cuando te casaste."

"Es sorprendente que digas eso", Alice respondió emocionada, "pues yo pensé haberlo sentido a mi lado mientras expresaba mis votos. ¡Pensé que era mi imaginación!"

"Bueno, no lo fue", dije riendo.

"De hecho, Kelsey me está mostrando los pulgares hacia arriba acerca de tu nuevo esposo. Me está diciendo que no sólo lo aprueba, sino que le gusta el auto que compró; ¿qué significa eso?", pregunté.

Alice comenzó a reír. "Mi nuevo esposo, Tad, acaba de comprar un Mercedes para nosotros. Le dije que no necesitábamos algo tan caro, pero pensó que yo estaría más segura en él."

"Kelsey está de acuerdo con él", dije. "Tiene que ver con la forma en que manejas o algo... pero no voy allá", dije.

"Algunas cosas nunca cambian", Alice respondió sacudiendo la cabeza.

🌿

El amor no conoce límites ni tiene límites.

Está bien buscar un nuevo amor después de haber perdido a otro, pero de nuevo, depende de cada quien. Nunca hay que evitar experimentar el amor u otra aventura maravillosa de la vida por la culpa que se pueda sentir por aquellos que están en el otro lado.

Tu felicidad es en realidad *su* felicidad.

16

Querer decirles adiós

Otra preocupación con la que me he topado es cuando la gente no tuvo la oportunidad de despedirse de alguien que murió. Por la razón que fuere, ellos no estaban presentes cuando un ser querido se fue al *otro lado*; sin embargo, ellos están cuidándonos continuamente, ayudándonos y guiándonos, ¿por qué querríamos o necesitaríamos decirles "adiós"?

La palabra "adiós" en realidad lo hace sonar como si la conexión con el ser querido se hubiera terminado, lo cual quiere decir hasta que nos reunamos con ellos en el cielo. Les puedo decir que están sumiéndose en la tristeza y la depresión al poner una distancia entre ustedes y aquellos que han muerto.

❧

Una mujer llamada Beverly vino a verme un día. Nunca había estado con un médium antes, pero tenía una pena muy profunda en su corazón y dijo que lo intentaría todo con tal de aliviar su pena. La hice relajar y respirar hondo. Tuve que estimularla dos veces para que se calmara porque pude sentir que estaba demasiado nerviosa.

Una presencia femenina entró y le pregunté a Beverly si era su madre con quien quería hablar. Los ojos de Beverly se llenaron de lágrimas mientras contestaba que sí.

"En ocasiones los espíritus hablan de sí mismos o de uno, pero por lo general de ambos", dije. "En este momento, tu madre quiere hablar de ti."

"De acuerdo", dijo Beverly.

"Tú debes ser una mujer preparada porque ella está colocando libros a tu alrededor", dije.

"Sí, fui al colegio", dijo Beverly.

"Aunque te graduaste, no es a lo que te dedicas. ¿Esto tiene algún sentido?"

"Por supuesto."

"Siento que tu madre está muy orgullosa y sigue diciendo 'gente mayor', así que eso debe ser lo que haces", dije.

"Ésa es mi ocupación, ayudo a cuidar a la gente mayor", respondió Beverly.

"Bueno, quiere que sepas que estás haciendo un trabajo excelente y ayudando a mucha gente", le dije.

Beverly comenzó a sonreír.

"También me está diciendo que alguien acaba de llegar ahí en donde está, tiene que ver con una mujer que adora las pelucas grandes?"

Beverly comenzó a reír muy fuerte.

"¡La señora Inglebrooks! Yo solía cuidarla y murió apenas hace algunas semanas. Ella nunca se hubiera dejado ver sin esa gran peluca que solía usar."

"Bueno, tu madre quiere que sepas que la señora Inglebrooks manda saludarte y te agradece lo que hiciste por ella".

Beverly aceptó ese y otros mensajes con felicidad, pero cuando su madre comenzó a mencionar su muerte, el semblante de Beverly cambió.

"Tu madre me está haciendo sentir un dolor en mi pecho. ¿Murió de un ataque al corazón?"

Beverly comenzó a llorar. "Sí."

"Pero sigo viendo una cama de hospital, ella no murió instantáneamente", dije.

"No."

"Está separándolas a ambas. No estuviste ahí cuando ella murió, ¿cierto?"

Beverly se derrumbó y comenzó a llorar.

"Mi tía me llamó y dijo que mi madre había sufrido un ataque al corazón. Dijo que aún estaba viva, pero no iba a superarlo. Yo vivía a 250 kilómetros de distancia y manejé tan rápido como pude, pero para cuando llegué al hospital, ella ya había muerto", dijo Beverly, llorando. "Nunca tuve la oportunidad de despedirme."

Le tomó un momento a la madre de Beverly responder.

"Bien, tu madre quiere que te pregunte algo. ¿Sabes que ella está bien, que aún está viva y sabes que siempre está contigo?"

Beverly asintió con la cabeza como respuesta.

"Entonces, ¿por qué sientes la necesidad de decirle adiós? Ella dice que no se ha ido a ninguna parte y lo sabes, me lo está diciendo."

"Yo sólo quería que ella supiera cuánto la amé y lo que significó para mí."

"Ella lo sabe Beverly y te quiere mucho también, pero no quiere que tú sientas que necesitabas decirle adiós, pues es parte de tu vida y de la de tu familia... siempre."

Continué: "Tu madre está tomando ahora el peso de la preocupación sobre sus hombros y está diciendo que no te sientas culpable por ello de nuevo."

Pude ver cómo los hombros de Beverly se relajaban, al fin se había quitado ese peso de encima.

🕊

Uno de los mensajes más importantes que me gustaría que tomaran muy en cuenta en este libro es comprender que la palabra "adiós" no necesita pronunciarse a alguien que ha muerto. Sus seres queridos siempre participarán en todos los eventos que ocurran en su vida.

Ya sea que estén pasando por periodos felices o difíciles, aquellos en espíritu siempre continuarán siendo parte de su vida; con quien se puede contar.

17
Viviendo en el pasado

Los recuerdos pueden ser una herramienta tan maravillosa de utilizar en nuestra vida diaria. Al recordar experiencias pasadas que hemos compartido con otros, podemos revivirlas en nuestra mente con imágenes y emociones que una vez sentimos.

Pero ¿es posible abusar de los recuerdos?

La respuesta es sí.

Hice una lectura para un hombre llamado Hank, que estaba muy deprimido. Hank me pidió conectarme con su esposa Jill, quien había muerto un año antes. Como ya lo he mencionado, no sólo siento la energía del otro lado, sino también la de aquellos con los que estoy sentado. Pude sentir un peso en su corazón, que en realidad puso una barrera de pena que ambos, tanto yo como la persona en el *otro lado*, tuvimos que romper.

Le dije a Hank que intentara relajarse. Ambos respiramos profundamente y comencé a sentir a su esposa junto a mí. Su energía era fuerte. Le pude decir que ella era una persona cariñosa y aún tenía algunas cosas en su mente que iba a exponer pronto en la lectura.

"Hank, Jill me está diciendo que estuvieron casados durante mucho tiempo, ¡cincuenta y tantos años!", dije.

"Sí", respondió Frank. "Ella fue mi vida."

"Me está diciendo que aún lo es", dije.

"Eso es difícil de aceptar para mí", dijo Hank

"Bien, me está diciendo que quiere probarlo. Dice algo acerca de que necesitas limpiar la cochera. ¡Es un desastre!"

Hank se animó, un poco sorprendido de que estuviera siendo reprendido desde el *otro lado*.

"Eso es algo por lo que constantemente me regañaba. Ni siquiera he pensado en limpiarlo desde que murió", dijo Hank.

"Creo que es mejor que lo consideres ahora. Ella está algo determinada acerca de ello."

Hank respondió: "No he tenido ganas de hacer mucho desde que ella murió."

"Jill me dice que está muy preocupada por algo. Déjame ver de qué habla. Me muestra que estás en una cama y dirige su vista hacie el sol. ¿Duermes durante el día? Pregunté.

"No", dijo Hank.

"De acuerdo, ella me sigue mostrando esto... veo el sol y ahora veo la luna, esta imagen es persistente; de nuevo me muestra que estás en cama y dice que sabe a qué se refiere."

"Oh, a veces no siento ganas de levantarme", dijo Hank. "¿Para qué? Así me quedo en cama todo el día. Sólo me recuesto ahí y recuerdo el tiempo que pasamos juntos."

"Bien, ella está muy preocupada de que hagas esto. Lo que me sigue mostrando es que te está sacando de la cama. En realidad no lo está haciendo, pero simbólicamente está intentando hacerte levantar. Lo que significa es que quiere que continúes con tu vida."

"Es más fácil decirlo que hacerlo. No puedo hacer nada, me siento muy mal. Yo sólo la quiero de regreso y sé que no lo va a hacer. Lo único que tengo en mi vida son sus recuerdos."

Pude ver a Jill sacudiendo la cabeza por esta frase y mientras lo hacía, abrazaba a Hank.

"Jill está diciendo que eso no es verdad", respondí. "Quiere que te diga que aún está contigo y que sientes su presencia de vez en cuando."

"A veces creo que la siento", dijo Hank, "pero sé que es sólo un deseo de mi pensamiento".

Entonces Jill dejó de abrazarlo y, extrañamente, jaló su oreja derecha como si estuviera regañando a un niño. Yo hice una pausa y luego le dije a Hank lo que hizo su esposa. "Jill quiere que te hable de esa última frase", dije. "Dice que mejor creas que es más que sólo un pensamiento anhelante, ella está jalando tu oreja, como a un niño."

Hank estaba muy sorprendido.

"Ella lo hacía si creía que me comportaba como niño. Puedo casi sentir que lo hace a veces, pero sé que es sólo mi imaginación y eso me hace extrañarla aún más."

"Confía en tus sentimientos, Hank", le dije. "Eso es de parte de ella y de mí. Hank, puedo decirte que el amor que tienes por Jill aún lo están compartiendo. Nunca se ha detenido. Tú crees que la única forma de conectarte con ella y con su amor es por medio del pasado. Esto no es verdad. Así es, ella te amó en el pasado, pero el hecho es que aún te ama... ahora, más que nunca. Para darte cuenta de que su amor de verdad continúa, no tienes que buscar en el pasado para recibirlo, lo tienes ahora, en el presente y siempre lo tendrás."

"Tengo que ser honesto, Patrick. En realidad siento que su amor está entrando en mí mientras estamos hablando."

"Es porque te abriste a él y te puedo decir que Jill está muy feliz ahora", dije "y quiere que sepas que está esperando los nuevos recuerdos que va a tener contigo."

"¿Nuevos recuerdos? ¿Eso qué significa?"

"Mientras Jill continúe siendo parte de tu vida, cualquier experiencia que tengas, buena o mala, ella también será parte de ella. Al encontrarte en nuevas situaciones y hacer nuevos recuerdos para ti, serán recuerdos que ambos compartirán."

"Nunca pensé que pudiera ser así", dijo Hank.

Le dije a Hank que no pensara en los recuerdos de su esposa como una parte perdida de su vida, sino al contrario, como una experiencia que le ayudará a disfrutar el presente.

Sí, nuestros seres queridos en espíritu continuarán siendo parte de nuestra vida, pero lo importante es que nosotros continuemos viviendo nuestra vida. Es maravilloso pensar en todos los recuerdos afectuosos que compartiste con un ser querido, pues en verdad pueden ser regalos. Nunca los uses como un apoyo, sino como una razón para ver hacia el futuro.

No sólo necesitamos seguir experimentando todo lo que la vida tiene que ofrecer, sino también lo que los seres queridos en espíritu quieren compartir con nosotros.

18

Cómo el sufrimiento afecta la conexión

El sufrimiento es un estado natural que nos encuentra después de la muerte de un ser querido. Aunque superar este periodo pueda ser muy terapéutico, pero ¿por qué parece que algunas personas pueden superar este proceso curativo más rápido que otros? Bueno, analicemos algunas emociones y etapas que uno puede superar en un estado de sufrimiento: sentimientos de confusión, tristeza, pérdida, miedo, enojo y culpa.

Antes de continuar leyendo, quiero que vuelvan a leer las emociones que mencioné y las asocien con cualquiera que hayan experimentado.

Ahora díganme: ¿Tuvieron alguna de esas emociones hacia

- ¿La persona que ha muerto?

- ¿Ustedes mismos?

- ¿Ambos?

Muy probablemente su respuesta es ambos.

Es común para la gente sufrir no sólo por sus seres queridos, sino por ellos mismos. Esto es una respuesta natural. Con cualquier muerte hay un cambio y, eventualmente, la aceptación de este suceso.

- Un esposo cambia cuando pierde a su pareja.

- Un hijo cambia cuando llega a morir su padre.

- Un padre cambia si su hijo muere.

Podría continuar, pues cada circunstancia es diferente. Recuerden que el cambio no es necesariamente malo; hacemos cambios en nuestra vida, pero *nos* gusta decidir, cualquiera que éste sea, sobre ellos; sin dejar que la fe ciega lo haga por nosotros, pues queremos tener el control de nuestros actos.

La muerte de un ser querido fuerza un cambio en nosotros, uno al que por lo general no le damos la bienvenida, y con un cambio que no queremos viene la autoaflicción.

Lo pueden creer o no, pero a la mayoría de la gente le tomará la misma cantidad de tiempo pasar por el proceso de aflicción por la muerte de un ser querido. Aquellos a los que les lleva más tiempo continúan sufriendo, no por el ser amado, sino por ellos mismos.

🌾

Julie y Burt vinieron a verme para conectarse con su hijo Danny. Aunque habían pasado cinco años desde su muerte, parecía como si hubiera sido ayer. Pude sentir la extrema tristeza que se había vuelto parte de ellos y yo estaba ansioso por mostrarles que su hijo estaba aún vivo.

"Danny quiere que sepan, créanlo o no, que aún se toma una cerveza con su "viejo" mientras ven el juego juntos. Son sus palabras, no mías", dije con una sonrisa.

"Sí, esto era algo que siempre hacían juntos", dijo Julie, sonriendo.

"También me está diciendo algo acerca de que tú le reclamabas por derramarla en el sofá y está riendo por ello", dije.

"Cuando había un buen juego, Danny siempre se emocionaba, saltaba y derramaba todo lo que estuviera sosteniendo", dijo Burt.

"Bueno, él quiere que sepan que aunque no pueden ver que la derrama, es igual de desordenado que siempre."

"Lo creo", dijo Julie.

"Quiere que ambos sepan que aún está junto a ustedes y que los sigue amando. También me está diciendo que no han notado ninguna señal que les ha dejado."

Burt dijo: "¿Qué señales?"

"Déjenme ver qué dice", respondí. "Me está mostrando algo que constantemente hace, apaga su televisión, ¿lo han notado?"

"Sí", dijo Julie. "Es una televisión nueva y pensé que podía devolverla."

"Bueno, no tienes que hacerlo, dice que dará señales más sencillas a partir de ahora. Dice que han estado pidiéndole señales y se las está dando, que presten atención, pues está constantemente con ustedes."

Durante la sesión, Danny transmitió otras confirmaciones; él había visto lo que estaba ocurriendo con sus vidas y mostró cómo ha tratado de ayudarles.

Al final de la lectura, sentí que en realidad le había ayudado a esta pareja a probar que su maravilloso hijo aún estaba vivo y con ellos. Por lo general, cuando alguien viene para una lectura, les gustaría tener alguna evidencia personal para comprobar que sus seres queridos aún están de verdad ahí. Yo les acababa de dar esta prueba a ellos y esperaba que les ayudara a alejar un poco de la pena, pero después de la lectura pude sentir que la tristeza continuaba con esta pareja. Para mí, ellos se sentían tan infelices como cuando llegaron. Les pregunté qué era exactamente lo que querían escuchar de su hijo, y la respuesta me sorprendió.

Dijeron que hubieran estado felices de nuevo si su hijo hubiera vuelto a casa, atravesado la puerta y estado con ellos físicamente.

Éste es un ejemplo de cómo uno mismo vuelve la pena como parte de sí mismo. Estos padres habían vivido en este estado por cinco años, sin permitirse sanar. ¿Por qué? Habían puesto una condición para su alivio, una que nunca podrían tener. Ellos entendieron que Danny estaba aún con ellos y ahora reconocían las diferentes señales que él les había estado dando, pero si no obtenían exactamente lo que querían, no importaba cuáles eran los sentimientos de su hijo, ellos iban a seguir infelices.

La pena es una aflicción tan pesada que trae consigo energía muy baja. Coloca una barrera alrededor del sobreviviente que hace muy difícil que los seres queridos en el *otro lado* la traspasen. Cuando la gente está sufriendo, quieren más que nada tener algún tipo de contacto con un ser querido o alguien que haya muerto. El problema es que no se dan cuenta de que lo que están haciendo es exactamente lo contrario de lo que se necesita. Para que un espíritu pueda comunicarse con otros, esta gente necesita estar en un nivel más alto, que se puede alcanzar con felicidad o siendo positivo. Una vez que son capaces de deshacerse de algo de esa pena que están experimentando, de inmediato se puede hacer una conexión más fuerte.

En realidad es natural experimentar un peso en el corazón, pues estamos tan acostumbrados a tener una relación física con alguien, que una vez que esa persona muere, es necesario tener una nueva relación físico-espiritual.

Depende de cada uno cuánto queramos desarrollar esta relación; hace unos ocho meses recibí una carta de Julie y Burt. La buena noticia fue que había comenzado el proceso para sanarse y se dieron cuenta de que habían estado pensando en ellos mismos. Decidieron enfocarse en saber que su hijo estaba aún vivo y bien y continuaría estando con ellos a su manera, no a la de ellos.

Tal vez se pregunten *¿está bien no sentir dolor por alguien que ha muerto?*

La respuesta es sí.

❧

Recibí la visita de una joven dama que recientemente había perdido a su abuela. El sentimiento que estaba recibiendo de ella era muy opuesto al que describí con la pareja anterior. Ella tenía una liviandad y emoción increíbles alrededor de ella que era fácil para mí percibirla.

Su abuela fue la primera que llegó y lo primero de lo que quería hablar era de su funeral. Esto fue un poco extraño para comenzar, pero por supuesto que yo lo transmití. A diferencia del sentimiento solemne que podría recibir de un espíritu al hablar de este tema, su abuela me dio un sentimiento de excitación.

"Tu abuela está muy agradecida por todo el amor y alegría que le dieron en su funeral, me lo está diciendo."

"¿De verdad?", dijo.

"Sí, me está transmitiendo lo que sintió y tengo que ser honesto... estoy recibiendo muchas risas, canciones y aplausos."

Mientras decía esto, me encontré aplaudiendo también. "Éste no fue un funeral ordinario, sino más bien una fiesta", dije.

"Sí", respondió. "No tuvimos un funeral tradicional, sino una celebración y un tributo a su vida."

"Bueno, es difícil para mí explicar con palabras cuánto significó y significa para ella. Ella quiere que sepas que junto con otros seres queridos en el otro lado estuvieron bailando y cantando junto con todos."

"¡Maravilloso!, todos los sentimos a nuestro alrededor y sabíamos que eran parte de esta celebración también."

"Me está dando un rotundo sí", dije. "¿También cantaste un himno para ella? Está colocando un himno en tu mano y te muestra cantándolo parada junto a ti en una plataforma."

"Sí, era un himno que me enseñó cuando era pequeña. Yo siempre se lo cantaba, así que sabía que lo disfrutaría", contestó.

"Seguro que sí, le encantó."

Conforme continuó la lectura, el mensaje permanente que dio su abuela fue qué tan agradecida estaba de que su familia supiera que aún estaba viva, bien y cómo seguían pensando en ella.

De nuevo, es natural sufrir, pero lo importante es superarlo y al hacerlo te estás quitando un peso de tristeza, permitiendo a los seres queridos que están en el otro lado conectarse contigo de formas que nunca creíste posibles.

Parte VI

Tu propia conexión con el otro lado

Aunque los seres queridos en el otro lado no puedan regresar con nosotros de forma física, sí pueden, sin embargo, dar evidencia de su presencia y de su amor continuo. El problema es que mucha gente no reconoce los distintos signos y confirmaciones que sus seres queridos dejan. Por este motivo me gustaría ayudarles a que ustedes mismos hagan una conexión con aquellos que están en el otro lado.

19

Reconociendo su comunicación

*T*al vez puedan estar pensando que si sus seres queridos se han conectado con ustedes, lo habrán notado.

¿Quieren apostar?

Intentemos en este momento un pequeño experimento. Quiero que cierren sus ojos por unos 30 segundos y los abran de nuevo. No continúen leyendo, háganlo ahora.

¿Se sintieron relajados? ¿Qué más notaron? Probablemente no muchas cosas, pero ¿por qué?

Porque no estaban intentando notar nada más, pero, ¿qué tal si lo hicieran?

Cierren sus ojos de nuevo, pero esta vez quiero que estén atentos a cualquier sonido, desde el más fuerte hasta el más suave. Háganlo por un minuto.

Podría imaginar esta vez que escucharon mucho más que la primera vez que cerraron sus ojos, ¿por qué?

Bueno, piensen en el ambiente que los está rodeando como si tuvieran diferentes niveles, al igual que un caramelo que tiene varias capas.

Cuando estaban sentados, los primeros sonidos que pudieron haber advertido fueron los más fuertes, como:

- La voz de una persona.

- El tic tac del reloj.

- Una televisión o radio encendidos.

Pero luego, una vez que pasaron esa capa, tal vez escucharon:

- Los pajarillos cantando.

- Los carros que pasan.

- Perros ladrando.

- Las hojas en los árboles susurrando con el viento.

¿Que cuál es mi punto? Mostrarles cuánto está a su alrededor y nunca notan; claro, a menos de que se enfoquen en ello. Ah, ahí está la palabra, "enfocarse", ¿y saben qué?, eso es realmente la clave para conectarse con sus seres queridos en espíritu.

Cierren sus ojos e intenten el experimento una vez más. Les prometo que cada vez que lo hagan estarán más enfocados y escucharán más; es lo mismo cuando notamos las conexiones de sus seres queridos en espíritu. Mientras más enfocados y más escuchen, más tendrán de ellos.

Ahora, después de leer este capítulo muchos de ustedes de inmediato notarían lo que sus seres queridos han hecho y están haciendo para ustedes. Para otros puede tomar más tiempo, pues tienen que aprender cómo identificar las formas en que se están conectando con ustedes. No se preocupen, sus seres queridos en el cielo son muy pacientes. Ellos les ayudarán con cariño a cada paso del camino.

Hay diferentes formas y métodos en que un espíritu se conectará con ustedes. Los siguientes son ejemplos de cosas que pueden hacer o notar para reconocer las señales de que continúan su vida.

Sueños

Los sueños son una de las formas más fáciles para que un ser querido se conecte con ustedes. Mientras estamos despiertos, la mente está muy activa; pero cuando dormimos este estado se vuelve menos dominante permitiendo a la intuición tomar el control. En otras palabras, dormir es otra forma de meditación. ¿Lo ven? Y dicen que no pueden meditar.

Al estar en este estado de meditación permitimos a la mente, cuerpo y alma comunicarse con seres espirituales mediante los sueños. Hay que entender que no todos los sueños que tengan con sus seres queridos quiere decir que se están conectando o comunicando con ustedes, como pudiera parecer en algunos sueños esporádicos o en ocasiones sin sentido.

Cuando un sueño es una conexión real con un ser querido, yo me refiero a él como una *visitación*.

Una visitación es más poderosa y real que un sueño. Mientras tenemos una visitación, las cosas parecerán normales y tangibles en comparación. Nuestros sentidos también están elevados como si estuviéramos despiertos en realidad. Con una visitación tendemos a recordar los detalles, en tanto que los sueños los podemos olvidar fácilmente. También hay un tipo de mensaje que un ser querido transmitirá en una visitación.

Cuando era más joven, la mamá de mi papá vino una vez en una visitación para entregarme un mensaje. En este sueño, yo estaba recostado en una cama y mi abuela caminaba hacia mí con un objeto en sus brazos. Primero, no pude distinguir lo que cargaba, pero podría decir que era algo pequeño y peludo. Conforme mi abuela se fue acercando a mi cama, el objeto se vio más claro, mi abuela estaba cargando un gato. No pude distinguir los detalles del gato porque el cuarto estaba oscuro, pero cuando finalmente estuvo junto a mi cama, se agachó y colocó al gato en una almohada que estaba a mi lado. Tan pronto como esto pasó desperté, como si sintiera literalmente la presión del objeto que había colocado en la almohada. Era aún la medianoche y comencé a examinar de qué se trataba ese sueño y finalmente me volví a dormir.

La mañana siguiente este sueño aún estaba muy fresco en mi mente, así que le comenté a mi familia lo que había experimentado la noche anterior. Después de describir todos los detalles de mi sueño, en ese momento, surgió una pregunta: ¿en dónde estaba nuestro gato Ashely?

Ashley era singularmente una gata hogareña y ninguno de nosotros había notado au ausencia. Comenzamos a buscar en los alrededores y dentro de la casa, en cada cuarto, arriba y abajo, pero no pudimos encontrarla. En la búsqueda, notamos que una ventana había estado abierta y supimos que debió haber salido por ahí. De repente, Kathy escuchó un ligero maullido detrás de un arbusto debajo del techo de nuestro patio. Al ir hacia el débil llanto, Kathy encontró a Ashley tendida detrás del arbusto. Corrimos hacia ella y nos dimos cuenta de que algo andaba mal. Parecía desorientada, como si no pudiera enfocar nada o a nadie, sus pupilas estaban dilatadas. Cuando Ashley estaba con ganas de jugar, le gustaba trepar en los árboles y aunque es muy buena haciéndolo, Kathy sospechó que debió haber caído del árbol.

Por supuesto que nos apresuramos a llevarla directo al veterinario. Era exactamente lo que pensamos, pobre Ashley, había caído y recibido un golpe, pero el doctor nos dijo que no nos preocupáramos, que estaría como nueva en un par de días.

Y así fue, un sueño/visitación de mi abuela nos hizo saber que no sólo estaba cuidando de nosotros, sino también de nuestra pequeña Ashley.

También he comprobado que un miembro de la familia puede hacer una visitación a alguien que inclusive no es parte de su familia inmediata. ¿Han tenido esta experiencia? Apuesto que sí. La razón por la que un espíritu transmitirá un mensaje a esa persona es porque el receptor puede en ocasiones ser más objetivo con el mensaje. Este tipo de conexión puede dar más validez a un mensaje, asegurando que no es sólo un pensamiento anhelante del miembro de la familia.

Cuando experimenten una visitación no se sorprendan si perciben lo siguiente:

- Alguien que era mayor cuando murió luce más joven, en la plenitud de su vida.

- Alguien que era muy joven, casi un niño, cuando murió y luce como un adulto.

- Alguien que tuvo una deformidad física y ahora no la tiene.

- Alguien que murió después de una larga enfermedad y está en perfecto estado de salud.

- Un ser querido que tiene un cierto brillo o un aura a su alrededor.

Primero, los seres queridos pueden venir hacia nosotros de la forma en que ustedes los recordaban en vida, pero esto es para que los reconozcamos solamente y conforme continúe la visitación, comenzarán a ver cambios que en realidad les han ocurrido en espíritu, siendo su transformación a una salud perfecta en su totalidad.

Tarea

Tengan una libreta y un bolígrafo o una grabadora junto a su cama. Después de despertar y haber tenido un sueño o visitación, tomen nota de todos los detalles que puedan recordar. No esperen hasta que amanezca, pensando en que recordarán todos los detalles, pues probablemente no será así. Háganlo mientras está fresco en su memoria. Pregúntense ustedes mismos lo siguiente:

- ¿Hubo un mensaje en el sueño?

- ¿El mensaje fue para ustedes o para alguien más?

- ¿Algo les fue mostrado simbólicamente?

- ¿Cómo lucía tu ser querido?

Si ven que cualquiera de los mensajes que reciben puede haber sido para alguien más, no tengan miedo de transmitirlo. Aunque quizá no tenga ningún sentido para ustedes, pueden estremecer a alguien con él. Si ahora están pensando para ustedes; "nunca puedo recordar mis sueños", no se preocupen, si se colocan en un *mindset* que es un tipo de comunicación que les gustaría experimentar, lo harán.

Siempre pidan ayuda a Dios y a sus seres queridos y ellos lo harán.

Físico

El amor puede trascender las dimensiones y aunque recibimos mensajes de nuestros seres queridos que están en el otro lado, ellos pueden hacer conexiones con nosotros en formas físicas. Sí, los espíritus pueden hacer físicamente que se manifieste un objeto. ¿Cómo? Honestamente, no tengo idea, pero no soy quien cuestiona los milagros, ¡de ninguna forma!

Por lo general, cuando aquellos que están en el otro lado nos dan señales con objetos inanimados que serán cosas que tenían una conexión con nosotros, con el espíritu o con ambos.

Kathy y yo siempre disfrutamos dar paseos alrededor de un campo de golf que está cerca de nuestra casa en Virginia, y mientras lo hacíamos, con frecuencia encontrábamos pelotas de golf que estaban al lado del campo y las recolectábamos. No, estas pelotas no las ocupaban ni teníamos golfistas persiguiéndonos; eran sólo pelotas extraviadas que algunos golfistas lanzaban hacia afuera y dejaban ahí. Después de recolectar la suficiente cantidad de pelotas para llenar nuestros bolsillos, nos íbamos a casa y mamá siempre trataba de adivinar cuántas de ellas habíamos encontrado aquel día.

Nosotros continuamos jugando este juego incluso durante la enfermedad de mamá, lo que hacía parecer como si ella tomara los paseos con nosotros.

Unos meses después de la muerte de mamá, Kathy y yo estábamos dejando nuestro hogar en California cuando notamos algo bajo el tapete de la casa. Cuando Kathy se agachó y levantó el tapete para ver lo que era, para nuestra sorpresa descubrimos una pelota de golf. No creo que necesite decirles lo sorprendidos que estábamos. Nadie estaba cerca de casa ni se hubieran dado cuenta de la conexión que teníamos con las pelotas de golf. Al instante supimos de dónde vino esa pelota: ¡de mamá!

De inmediato corrimos hacia adentro y llamamos a papá a Virginia para hacerle saber de nuestro nuevo tesoro. Para nuestra sorpresa, también él había encontrado una pelota de golf en su puerta ese mismo día, a 4 800 kilómetros de distancia.

Hay otra forma en la que sus seres queridos les pueden dar señales físicas, pero las recibirán en una forma más sutil. El siguiente es un ejemplo:

Carolyn, una buena amiga de Kathy y mía, tiene una hermana llamada Catherine que se había mudado de California al estado de Florida. Catherine estaba muy preocupada por esta mudanza, ya que iba a estar muy lejos de su familia y amigos, a quienes ella quería mucho. Carolyn le dijo que no se preocupara, que iban a estar sólo a una llamada de distancia, y su padre, que había muerto, iba a estar con ella también. Un día, mientras se sentía sola por estar lejos de sus seres queridos, Catherine notó un paquete en la puerta. Este paquete era para darle la bienvenida a ella y a su familia a su nueva residencia. Además de unos cuantos dulces, el paquete contenía información acerca de tiendas cercanas, escuelas e información básica acerca de su vecindario. Mientras Catherine estaba clasificando toda esta información, encontró una carta que le daba la bienvenida no a su nueva residencia en Florida, sino a Somerville, Nueva Jersey. Todo se le hizo extraño: que la carta estuviera en la canasata y fechada unos años atrás. Catherine comenzó a reflexionar el porqué esa carta estaba en su canasta, cuando de repente hizo la conexión. ¡El pueblo en el que nació su padre era Somerville, Nueva Jersey! Con emoción tomó el teléfono para comunicarle a su familia la buena noticia. Ésta fue la forma en que el padre de Catherine quiso darle la bienvenida a su nuevo hogar y hacerle saber que estaba ahí también.

No se sorprendan si notan algunas de las siguientes características con alguna señal física:

- Ocurre cuando menos lo esperan.
- Antes de que lo noten, estaban pensando en el espíritu uno o dos días antes.
- Le ocurre a más de una persona al mismo tiempo, pero en diferentes lugares.
- Encuentran algo que se les había perdido.
- Algo que significaba mucho para el ser querido aparece de la nada.

Tarea

La mejor forma de que hagan este tipo de conexión es simplemente poniendo atención a la señal. Es importante que observen las pequeñas cosas que están ocurriendo a su alrededor porque pueden no ser tan pequeñas como piensan.

Si hacen su parte, les puedo prometer que las señales estarán ahí.

Electricidad

Recuerden que los espíritus, como energía, son capaces de manipular las cosas eléctricas. Muchas veces llegarán a nosotros afectando todo cuanto trabaje con electricidad en el hogar. Desde hacer llamadas telefónicas hasta provocar una avería a la televisión; los espíritus les hacen saber que están alrededor en formas desconocidas. No estoy diciendo que siempre que se funda un foco es el abuelo diciendo "¡hola!", pero en ocasiones, eso es exactamente lo que es.

Aunque soy afortunado de poder conectarme con los espíritus, aún me dan señales físicas cuando menos lo espero.

Una tarde estaba trabajando en la computadora, poniendo los toques finales en un proyecto en el que había estado trabajando, cuando de repente escuché un *beep* ¡y la pantalla se puso negra! Cuando estaba conmocionado por la ahora negra pantalla en frente de mí, volteé a mi alrededor y noté que se había ido la luz en la casa y sabiendo que no había guardado la última parte de mi trabajo, comencé a temer lo peor: ¡todo lo que había hecho hasta entonces se había perdido! Después de cinco minutos, todas las luces se encendieron de nuevo, pero estaba en lo cierto, parte de mi trabajo se había borrado.

Mientras me sentaba sacudiendo mi cabeza y reprochándome por no haber guardado mi proyecto a tiempo, el espíritu de mi madre llegó. Estaba sonriendo y se disculpaba por lo ocurrido. Me indicó que Kathy había estado muy preocupada por un problema que le aquejaba, y le había pedido una señal para hacerle saber que todo iba a salir bien. Mamá quiso hacer parpadear una luz en donde Kathy estaba sentada, pero ella estaba muy desesperada.

Le dije a mamá que estaba bien y le agradecía por su mensaje y su amor y de broma le pregunté si podría regresarme la última parte de mi proyecto que no había guardado y ella respondió que estaba en el cielo, no en Radio Shack.

Fui a la cocina en donde estaba Kathy y le dije lo que había sucedido. Como era de esperarse, ella también había sentido la presencia de mamá y tan pronto como las luces se apagaron, le había agradecido su señal.

Le pedí a Kathy que por favor se asegurara de no pedirle este tipo de señales, ¡mientras yo estoy trabajando en la computadora!

No se sorprendan de lo que puede ocurrir con la electricidad si notan lo siguiente:

• La televisión se prende y apaga por sí misma o con frecuencia cambia los canales sin que ustedes lo hagan.

• Una mancha de color verde o morada aparece en la pantalla del televisor y puede moverse.

• Un foco en particular que se funde con frecuencia, aunque la conexión esté bien.

• El teléfono suena y nadie contesta.

• Cualquier cosa que trabaje con electricidad se encenderá o apagará sin que nadie la toque.

Tarea

Sean específicos con sus seres queridos en el otro lado. Pídanles que les den señales eléctricas. Les pueden solicitar que repitan la misma señal o que les den diferentes.

De nuevo, trabajen con ellos y háganles saber que los están observando.

Pensamientos

Otra forma en la que nuestros seres queridos se pueden comunicar con nosotros es a través del pensamiento. Para ponerlo más fácil: *cada pensamiento que tenemos no nos pertenece.*

¿Alguna vez se han preguntado de dónde vino esa buena idea o la respuesta inesperada? Sorpresa, ¡vino de sus seres queridos que están en el otro lado! (aunque es gracioso, los espíritus con los que he hablado no parecen reclamar las malas ideas que tenemos).

Los espíritus son capaces de conectarse telepáticamente y ayudarnos con ideas y respuestas a algunas preguntas que podamos tener. Desafortunadamente, no son capaces de darnos todas las soluciones, pues esto nos alejaría de ciertas situaciones de las que necesitamos aprender y crecer espiritualmente y que también pueden impulsarnos en la dirección correcta.

En una ocasión tuve una sesión con un hombre llamado Ken, cuya esposa Lori había muerto de cáncer un par de años atrás. Ken quería saber si Lori había visto al nuevo miembro de la familia, su nieta de diez meses, Carmen. Cuando Ken lo preguntó, Lori comenzó a reír con él y quiso que le mencionara la palabra "budín".

Un par de semanas antes de su lectura, su hijo le había pedido que cuidara a su maravillosa nieta. Ken había animado a su hijo y nuera para que disfrutaran una noche fuera en el pueblo, pues ya tenía mucho tiempo que no salían de paseo. Ése fue un motivo, el otro poder convivir con su nieta.

Ken estaba cuidando a su nieta durante la noche, pero se quedó pensando que se le había olvidado hacer algo; había seguido todas las instrucciones que su hijo le dejó, todo desde alimentarla hasta cambiar los pañales. No era que necesitara instrucciones, pero ustedes saben cómo son los nuevos padres. Por alguna razón, Ken sentía que faltaba algo. Se sentó por un momento, observó la lista de las cosas que tenía que hacer mientras le vino un pensamiento: budín. No sabía por qué pensaba en ello, pero no podía quitarse la palabra de la cabeza. Sabía que había alimentado a Carmen con budín, pero ¿por qué seguía esa palabra en su cabeza? Trataba de explicarse lo que estaba ocurriendo y regresó a revisar a su nieta. Para su sorpresa, en la cuna estaba la pequeña Camen completamente ¡cubierta de budín de chocolate! Ken había dejado abierto el frasco en la cuna y Carmen lo había alcanzado. No pudo sino explotar en risas y aunque era un completo desastre, Carmen era la cosita más encantadora que había visto y tuvo el sentimiento de que fue su esposa Lori quien le había dado ese pensamiento y sabía que ella estaba riendo junto con él, y créanme, así fue.

Con una conexión de pensamiento, no se sorprendan si notan que:

• Aparentemente las ideas llegan de forma inesperada.

• Un pensamiento del ser querido en espíritu viene a nosotros sin ninguna razón.

• Si se necesita tomar una decisión, un fuerte instinto o sentido se apodera de nosotros.

• Se encuentran tomando una decisión que es más de su ser querido que de ustedes, pero funciona.

Tarea

Siempre pidan a sus seres queridos que los guíen. Si una situación en específico llega cuando necesitamos ayuda, usen su instinto y pongan especial atención a las ideas que de repente "aparecen" en su cabeza, pues es más que probable que sea lo correcto, ¡de parte de ellos!

¿Hay días en los que todo parece ir en la forma correcta y otros en que todo parece ir mal? Parecería ser simplemente que en los buenos días estamos más receptivos para escuchar nuestro instinto y otros días en que batallamos para hacerlo.

Nunca duden que nuestros seres queridos en el otro lado están constantemente intentando ayudarnos, al contrario, debemos escucharlos lo más que podamos.

Objetos que se mueven

De vez en cuando los espíritus también son conocidos por mover objetos que poseemos. No necesariamente veremos los objetos flotando por la casa, pero nuestras pertenencias pueden cambiar de lugar. Un gran ejemplo de esto es cómo un espíritu hace que los cuadros que están en la pared se enchuequen. Lo sé, lo sé, es un viejo cuento de esposas y puede que suene trillado, pero es un hecho. Muchas veces durante una lectura, un espíritu me pide reconocer un cuadro con el que ha estado jugando.

Conozco a una mujer de nombre Erica, que heredó un juego de té de su madre. Era un juego antiguo con desportilladuras por todos lados y no tenía ningún valor monetario, pero perteneció a su madre y eso era lo que significaba más para Erica.

Un día, mientras Erica estaba preparando su té acostumbrado de mediodía, se dio cuenta de que la taza que siempre utilizaba estaba perdida del resto del juego, lo cual era extraño, pues éste era un ritual diario para ella y recordaba que había colocado la taza en su sitio el día anterior. Erica buscó en todas las vitrinas, pero fue en vano. La taza estaba perdida. Sí, había otras tazas en el juego, pero ésta era la que su madre siempre utilizaba, lo que la hacía especial. Erica decidió tomar otra taza pensando que debía haberla puesto en otro lugar y la encontraría tarde o temprano.

Al día siguiente, Erica, continuando con su rutina diaria de té, fue a tomar otra taza para su té y encontró la taza perdida en su lugar de siempre. En ese momento, Erica comprendió que era una señal de su madre, que le hacía saber que aún estaba tomando el té junto con ella.

Cuando un espíritu se conecta con los objetos que se pueden mover, no se sorprendan si notan lo siguiente:

- Se pierden objetos de uso diario, como llaves, cepillos de dientes, etcétera.

- Se encuentran objetos que estaban perdidos.

- Objetos de un ser querido aparecen de la nada.

- Objetos que están dispuestos de forma diferente.

- Cuadros o espejos que están mal puestos.

Tarea

Vayan por toda la casa y asegúrense de que todos los cuadros, relojes o lo que sea que puedan tener colgado en sus paredes esté completamente derecho. Ahora, pídanle a sus seres queridos que muevan algo en la pared en los próximos días. Les apuesto que durante ese tiempo se sorprenderán de lo que encuentran. Mientras más lo noten, más tendrán este tipo de señales. Algunos de ustedes pueden estar pensando que esto parece tonto, pero, ¿no creen que nuestros seres queridos en el otro lado tienen cosas más importantes que hacer que mover un cuadro o zangolotear las llaves?

Recuerden que todas éstas son conexiones, no importa qué tan pequeñas puedan parecer, y cualquier comunicación con nuestros seres queridos que es importante para nosotros, lo es también para ellos.

Sentimiento

Otra conexión poderosa, que mucha gente tiende a no darle importancia, es *sentir* cerca a tus seres queridos.

¿Alguna vez han tenido la sensación de que un ser querido que ha muerto está en el mismo cuarto con nosotros y echamos la culpa a la imaginación o al deseo de pensar en él? Bien, pues ¡dejen de hacerlo! No es su imaginación, ni es el deseo de pensar en él.

Es uno mismo sintiendo en realidad la presencia del ser querido.

Mi hermana Kathy siempre había tenido talento para cocinar. Aun cuando era pequeña, siempre le ayudaba a mamá en la cocina. Kathy también sintió el espíritu de nuestra abuela Mary cuando estaba cocinando, pero no se lo dijo a nadie. Siempre que tenía problemas para recordar una receta, le pedía ayuda a Mary. Un día yo estaba por la cocina cuando Kathy preparando unos postres. Mientras la observaba, y por supuesto, haciéndome a un lado, noté una imagen siguiéndola alrededor de la cocina y vi que era Mary. Sin decirle lo que había notado, le pregunté si sentía a alguien cerca de ella, me respondió que había estado pensando en nuestra abuela Mary y sintiendo su presencia todo el día en la cocina. Kathy había estado haciendo una receta familiar de pan rallado de nuez y no recordaba un ingrediente; se preguntó cuál era y el ingrediente surgió de repente en su cabeza. Ella sabía que la abuela fue quien le dio la respuesta y yo lo confirmé.

Les apuesto que en alguna ocasión en que han estado solos en el cuarto de repente sienten que alguien entra. Al voltear y ver si teníamos razón, se dan cuenta de que así era, no por que lo hayan visto o escuchado entrar, sino porque sintieron que entró, se conectaron con su energía y al hacerlo, probablemente no le dieron un segundo pensamiento. Si ustedes son padres, en algunas ocasiones pudieron sentir a su hijo cuando éste se escondía detrás de ustedes. Y si tienen más de uno, me aventuraría a decir que podrían decir quién es sin siquiera verlos. ¿Cómo? Conectándose con sus energías, su alma.

Así que, para entender que han sido capaces de conectarse con la energía/alma de gente viva, no es tan difícil en realidad creer que también se pueden conectar con espíritus.

Confíen en sus sentimientos.

Cuando se conectan con un ser querido en espíritu por medio del sentimiento, no se sorprendan si notan lo siguiente:

- La sensación de que alguien los está observando.

- La sensación de que alguien está parado junto a ustedes.

- El sentimiento tranquilizante de seguridad y bienestar que viene de un espíritu.

- Una presión o un ligero tintineo en su oído por la presencia de su energía.

- Se les erizan los cabellos de la nuca cuando la energía entra en el cuarto.

Tarea

Con esta conexión, algunos de ustedes estarán más sensibles que otros. Los más sensibles serán capaces de reconocer de inmediato la energía de un espíritu

204 ❧ Nunca digas adiós

y quién es. Otros pueden sentir la presencia de un espíritu, pero no saben con seguridad de quién se trata. En este caso, establezcan algunas guías para sus seres queridos. Un ejemplo de esto sería decirle a su cónyuge, quién está en el *otro lado*, que se conecte con nosotros del lado izquierdo, permitiéndonos tal vez sentir su energía alrededor de su brazo u hombro. Díganle a un abuelo que quiera conectarse que venga sobre su lado derecho y envíe energía o presión hacia su mano. Depende de ustedes cómo quieren conectarse. Siéntanse libres para darles a aquellos del otro lado instrucciones sobre cómo pueden ayudarles a identificarlos y ellos felices lo harán, pues saben que ésta es una nueva experiencia para ustedes y quieren ayudar a mitigar cualquier confusión, pues desean que reconozcan quién es quién cuando vienen a visitarnos. No teman establecer guías familiares para ellos.

De nuevo, mientras más conozcan a quien se está conectando con ustedes, más felices serán tanto ellos como ustedes.

Psicometría

Junto con las mismas líneas del sentimiento, otra forma de conectarse con la energía de un ser querido es la psicometría. Apuesto que muchos de ustedes han sostenido un objeto que pertenecía a un ser querido y no sólo vinieron a ustedes pensamientos de esa persona, sino también sentimientos

Esto se debe en parte al hecho de que la energía de la persona aún está en ese objeto, pues nuestro cuerpo es un caparazón para nuestra alma y nuestra alma es energía y tendemos a dejar partes de ella, pues es como un tipo de huella. ¿Suena loco? Antes de responder, déjenme hacerles una pregunta:

- ¿Alguna vez han ido a buscar en las antigüedades un mueble en específico y cuando finalmente pensaron que habían encontrado la pieza perfecta, se sienten bien?

- Se puede utilizar el mismo ejemplo con una pieza de joyería o inclusive ropa; si sostienen esos objetos en su mano y por algún motivo, ssienten cierto rechazo.

O por el contrario;

- Se enamoran o experimentan alivio cuando encuentran cualquiera de esos objetos, no porque sean su estilo, sino sólo porque se sienten bien.

Si dicen sí, adivinen qué; ya que somos sensibles a la energía, tal vez nunca se han dado cuenta de ello. Aquí hay otro ejemplo de Kathy al conectarse con la energía.

En una ocasión, junto con un par de amigos, fuimos a un recorrido al *Queen Mary*. Esta maravilla de barco está fondeado en Long Beach, California y pensamos que sería divertido embarcarnos. Kathy y yo habíamos estado ahí antes, pero quisimos disfrutarlo con nuestros amigos. Era una hermosa mañana de domingo cuando llegamos y el barco (y se le llama barco, no bote como el director de la película *Titanic*, James Cameron, una vez me corrigió –pero ésa es otra historia) está atracado lejos del océano Pacífico. Al entrar al *Queen Mary* lo primero que se admira es su tamaño, ¡es avasallador! Piensen en un gran contenedor que llevaría a los pasajeros más famosos del mundo mientras va y viene desde Europa hasta América. Este barco está lleno de historias.

Recién abordamos caminamos por la cubierta principal, entonces Kathy comenzó a experimentar una extraña sensación. Habíamos estado en otros barcos anteriormente, incluyendo éste, pero por alguna desconocida razón, Kathy sintió como si el barco se estuviera hundiendo. Todos sabíamos que esto no podría ser, pues ha estado anclado por algún tiempo y no iba a ir a ningún lado. Mientras caminábamos alrededor de la cubierta, este sentimiento parecía venir a Kathy sólo en un área del piso. De hecho, tuvo que sostenerse en una baranda en un punto, pues sentía como si estuviera cayendo al fondo del océano. Cuando nos alejamos de esa área, la sensación de hundirse desapareció. Después de asegurarnos que Kathy estaba bien, continuamos el recorrido con nuestros amigos.

Conforme bajamos a la siguiente cubierta, para nuestra sorpresa nos dimos cuenta de que había una exhibición especial. Estaban expuestas las reliquias rescatadas del Titanic.

Kathy había experimentado el sentimiento de hundimiento en la cubierta superior en el *punto exacto* en donde estas reliquias estaban expuestas.

Con la psicometría en mente, pensemos en un objeto y consideremos las siguientes preguntas:

- ¿Qué emociones reciben al sostener este objeto? ¿Buenas?, ¿malas?, ¿felices?, ¿tristes?

- ¿Ven en su mente algunos colores?

- ¿Reciben algunas imágenes mientras sostienen el objeto?

- ¿El dueño de ese objeto era joven o mayor?

- ¿El objeto se conecta a un cierto día festivo o evento que pudo haber sido importante para el dueño?

Tarea

Pidan a un amigo o pariente que les dé una pieza de joyería de un ser querido que haya muerto. Una vez que la tengan en sus manos, pongan atención de lo que reciben. Tomen su tiempo y sientan el objeto. Registren cuáles son sus primeras impresiones. No traten adivinar una segunda vez ni traten de disuadirse de la información que llega a su mente. Pruébense a sí mismos, pueden ser más perceptivos de lo que creen.

208 🦢 *Nunca digas adiós*

Ver

Además de las visitaciones, ¿es posible en realidad ver a un ser querido que ha muerto?

¡Seguro que sí!

Pero tienen que estar abiertos a lo que significa *ver* a los seres queridos en espíritu. Si tienen ciertas expectativas y quieren que ellos vengan a ustedes como desean, estarán más que decepcionados. Sus seres queridos vendrán a ustedes, pero tienen que estar abiertos a verlos a *su* forma.

Para ver a un espíritu, su mente tiene que estar en un estado de relajación. Esto podría ocurrir antes de recostarse y quedarse dormido, o al despertar por la mañana, pues el cerebro no está en el modo de *pensamiento*, sino más en un estado *intuitivo*. Cuando uno ve a un espíritu, por lo general ocurre en un segundo y se puede pensar que es la imaginación. Tal vez han visto, al estar sentados en su lugar favorito viendo televisión o leyendo, algo o alguien de reojo; esto puede aparecer como una sombra oscura o clara, o un movimiento de algún tipo, pero desaparece al voltear para ver qué o quien es, pues al ver televisión o leer, la mente se encuentra en un estado meditativo que permite a la intuición abrirse. Al ver esta imagen y voltear para intentar verla con los ojos físicos, automáticamente apagamos esa intuición. Entonces, ¿qué pasa? La imagen desaparece, pero no crean que la imagen/espíritu se va a otro lado, pues no lo hace, es sólo que ya no lo vemos. Quizá es un ser querido que está de visita y viendo las telenovelas con nosotros.

Conocí a una mujer llamada Dorothy, quien había perdido a su perro Sammy. Cada noche, cuando Dorothy y su esposo Greg se ponían cómodos para pasar la tarde, Sammy los seguía y se recostaba entre las sillas.

Eventualmente, debido a su edad avanzada, Sammy murió. De nuevo, cualquiera que posea una mascota sabe lo que significa esta pérdida.

Conforme pasaba el tiempo, Dorothy comenzó a notar algo extraño; veía de reojo un movimiento, como cuando Sammy estaba ahí, pero cuando volteaba para ver exactamente lo que era, no había nada. Dorothy, por supuesto, creyó que era su imaginación.

Una tarde, Greg mencionó a Dorothy que pensaba que necesitaba que le revisaran la vista. Cuando Dorothy preguntó qué tipo de problema tenía, Greg respondió que por alguna razón, veía una sombra que se movía alrededor de su silla. Al escuchar esto, Dorothy le dijo emocionada que ella también había visto lo mismo y como los dos habían observado la misma imagen, sabían exactamente qué o quién era: Sammy, corriendo todavía por la casa. Todo esto lo confirmaron más tarde en una lectura que hice a la pareja.

Al ver un espíritu, no se sorprendan si notan algunas de las siguientes visiones:

- Una sombra de reojo que desaparece cuando voltean a verla.

- Un tenue rayo pasa rápidamente.

- Una niebla aparece y desaparece al instante.

- Ver luces que parpadean o puntos en la oscuridad.

Tarea

La próxima vez que vean una imagen de reojo, sin voltear, pregúntense lo siguiente: ¿quién sienten que pueda ser?, ¿qué sentimientos están conectados con estas visiones?, ¿perciben algún aroma?, ¿algo de lo que reciben se relaciona a un ser querido que ha muerto? Esto necesita práctica, pero como ya lo he mencionado, mientras más lo hagan, mejor lo notarán.

Olfato

Si se asocia una cierta fragancia o aroma con un ser querido antes de su muerte, ciertamente ellos les ayudarán a que conozcan su presencia.

Los espíritus tienen la habilidad de producir aromas como perfume, loción, tabaco o flores para que sepamos que aún están ahí. Algunos de ustedes estarán asentando con la cabeza en este momento mientras leen, pueden identificarse con esto.

En ocasiones los espíritus intentan que usemos cualquiera de nuestros sentidos para reconocerlos, incluyendo el olfato.

Al trabajar en el negocio de pizzas por cuarenta años, Al solía llegar oliendo a harina todos los días. Esto fue algo a lo que su esposa Gina se fue acostumbrando. Ella se enamoró de este chico de las pizzas hace treinta y ocho años y había aprendido a amar todo de él, incluyendo el olor de pizzas recién horneadas.

Después de su muerte, fue difícil para Gina el deshacerse de todas las cosas materiales de Al, como sus camisas, zapatos y otros accesorios, y con frecuencia entraba al clóset y se envolvía con estos objetos para recordarlo y al hacerlo sentía una conexión. Después de la muerte de su padre, la hija de Gina insistió que debía mudarse a Connecticut para que viviera con ella y su esposo, y así lo hizo. Fue muy difícil dejar su vida y comenzar una nueva, pero sentía que estaba haciendo lo correcto.

Todas las noches Gina rezaba para que Al cuidara de ella y de su familia y sus oraciones fueron escuchadas. Una noche después de llevar a Gina a cenar y al cine, la familia regresó a casa y terminaron sus labores por ese día, y Gina se fue a su cuarto. Esa noche ella estaba despierta mientras percibía el aroma familiar a pizza y pensó que tal vez su hija estaba cocinando para su esposo, pero para su sorpresa, ya nadie estaba despierto. Ella sabía que no estaba equivocada respecto a este picante olor; era un olor que conocía desde hace años.

La hija de Gina vio luz en el cuarto de su madre y saltó de la cama, pensando que algo andaba mal. Cuando se acercó a su madre, ella también pudo oler el aroma a pizza, mas no era cualquier pizza, sino la que Al solía preparar.

Se abrazaron con alegría, sabiendo que Al estaba aún ahí haciendo pizza. Él había confirmado a Gina que no importaba en dónde viviera, él siempre estaría con ella.

Con la conexión por medio del olfato, no se sorprendan si notan lo siguiente:

- Aroma de flores que viene de la nada.

- Aroma de comida que asocien con un ser querido en espíritu.

- Cualquier aroma que de inmediato los conecte con un ser querido en espíritu.

- Si tienen un problema y el aroma de un ser querido les ayuda a calmarse.

Tarea

Pidan a sus seres queridos que los ayuden a conectarse con ellos mediante el olfato. Si conocen algún aroma que de inmediato puedan reconocer, pídanselos. Si ellos no estuvieran asociados con algún aroma en particular, pídanles que produzcan para ustedes un aroma a flores. Recuerden que el aroma puede durar un segundo, un minuto o posiblemente más tiempo, pero siempre disfrútenlo.

Es un regalo de comunicación y mientras más lo reconozcan, más ocurrirá.

Fotografías

Los espíritus que aparecen en fotografías dan una notable y hasta inadvertida forma de conectarse. Cuando estamos con ánimo de tomar fotografías, por lo general es durante reuniones familiares en días festivos, cumpleaños, aniversarios, todo lo que sea digno de celebrar. Durante estos momentos la gente tiene tendencia a sentir que sus seres queridos se unen a la celebración y no sólo lo hacen, sino que muchos de ellos aparecerán en las fotografías que se toman.

Una mujer de nombre Helen vino a verme un día para una lectura; su esposo Peter le dio una señal y le dijo que había asistido a la fiesta de cumpleaños que le habían hecho. Ella me dijo que había sentido su presencia y estaba feliz de escuchar esta confirmación. Peter también quería que supiera que estaba en la foto con ella. En ese momento, Helen se encontraba confundida; aceptó que se habían tomado fotografías, pero no vio nada inusual y Peter le dijo que las volviera a ver.

Unas semanas más tarde recibí una carta, y era de Helen, estaba muy emocionada porque había descubierto la foto a la que se refería Peter. Helen incluyó una copia de esa foto y dijo que la imagen de su esposo se podía ver claramente. Al mirar la foto, efectivamente, vi a Helen sentada junto a la ventana, pero no pude ver ninguna señal de Peter. Yo sabía que los espíritus se pueden ver en fotografías de muchas formas, desde una burbuja hasta sustancias de energía que provocan que parte de la fotografía se vea manchada. En esta foto no pude distinguir a Peter pero si Helen vio a su querido esposo en ella, es todo lo que importa. Aproximadamente seis meses más tarde, Kathy y yo fuimos a hacer unas lecturas a Los Ángeles y cuando terminamos, y mientras saludábamos a quienes estaban en espera, una mujer se identificó como Helen, quien me había enviado la foto. Yo estaba feliz de verla y recordaba su cara por la foto y me preguntó si había visto a su esposo en ella; tenía que ser honesto y le dije que había buscado y buscado, pero no pude ver lo que ella. Hellen sacó la foto y me la dio para verla de nuevo, pero esta vez me dijo que la volteara hacia un lado. Ahí estaba, justo en frente de mí, camuflado en las persianas que ella tenía enfrente, el tenue rostro de un hombre. La imagen en la fotografía no era clara del todo, sino más como un haz de luz y sombras que daban forma a una cara.

Dije riendo, "¿por qué no me dijiste que la pusiera de lado?", y Helen, riendo también, sacó otra fotografía de su esposo, pero ésta fue tomada cuando él vivía, así que pude comparar la imagen de la persona real. Puedo decir, honestamente, que Peter no era en lo absoluto tímido a las cámaras.

Los espíritus pueden encontrarse en fotografías de diferentes formas. Se pueden ver en forma de una luz de círculos de energía o burbujas que parecen flotar. También pueden aparecer como una ligera mancha que se puede asumir estaba debajo, o sobreexpuesta con una foto particular. También la imagen de un espíritu puede ser aún más detallada, con atributos físicos realmente visibles.

Ante la foto de un espíritu, no se sorprendan si notan lo siguiente:

- Un punto o puntos brillantes que aparecen en la foto.

- Un una ligera mancha que parece estar flotando en la foto.

- Cualquier sombra que parezca fuera de lugar.

- Imágenes translúcidas reales completas o una parte de ellas, de un ser querido que haya fallecido.

- Cualquier tipo de brillo que pueda estar alrededor o junto a un individuo.

Tarea

Saquen todos sus álbumes fotográficos; esto se puede hacer cuando están solos, pero puede ser muy divertido con amigos y seres queridos. Tómense su tiempo, examinen todas las fotos con lupa. Vean si pueden notar alguna imagen inusual que tal vez no hayan observado antes. Busquen luces, sombras, manchas, puntos e inclusive figuras.

Se sorprenderán de lo que pueden encontrar.

Animales

Los animales son otra forma maravillosa y notable en que nuestros seres queridos en espíritu se conectan con nosotros. Debido a que los animales son muy sensibles, pueden no sólo ver y escuchar a los espíritus, sino también seguir sus instrucciones.

Tomemos a Marty, por ejemplo, un hombre que es lo que se podría llamar un amante de las aves. Los padres de Marty nunca pudieron entender, cómo, de niño, podía tener tal destreza para encontrar aves que estaban heridas y llevarlas a casa; él sentía que era su deber cuidarlas y curarlas. Cuando Marty caminaba por la puerta principal de su casa con sus manos en forma de taza, sabían que "iba a entrar el doctor".

Ya de adulto, el amor de Marty por las aves no terminó y aunque ya no buscaba aves heridas, tuvo unas cuantas a las que amaba; una era un perico llamado Jimmy. Marty lo había nombrado así por su padre, pues se lo recordaba. También sabía que nombrar a un ave igual que su padre lo provocaría cada vez que fuera a visitarlo.

Pero está bien; Jim le regresó la broma a su hijo. Cada vez que iba a verlo, Jim iba a donde estaba el pájaro y le trataba de enseñar malas palabras. La familia en realidad no sabía qué era más gracioso, si el pájaro tratando de imitar lo que Jim decía o sólo mirar a Jim repitiendo la misma palabra al perico.

Al final Jim tuvo éxito y siempre que llegaba, se pasaba un muy buen rato haciendo que el ave dijera la palabra. Lo gracioso era que Jim era el único que podía hacer que el perico la dijera. No importa cuánto intentaran los otros, el ave sólo obedecía a Jim.

El padre de Marty falleció de un ataque al corazón algunos años más tarde. Después del funeral, Marty tuvo una reunión en su casa porque no quería que su madre tuviera que pasar por ello y preocuparse por todo. Mientras la familia estaba reunida y recordando y contando historias de Jim, en ese mismo instante Jimmy el perico comenzó a gritar su palabra especial una y otra vez. Todos lo miraron con asombro y sorpresa. No había nadie cerca del ave, y de hecho la jaula estaba cubierta, para no inquietarlo.

Ellos supieron en ese momento que era Jim jugando como siempre lo hacía, haciéndole saber a la familia que estaba bien y aún molestando al perico.

Siempre pongan atención de cómo se comportan sus mascotas. Muchos espíritus me han dicho cómo hacen que sus perros ladren o que los gatos los sigan con la mirada. Puede también ser no sólo la mascota de la familia a quien afectan, pues pueden hacer que cierta ave llegue a nosotros –o ya sea insectos, ardillas, conejos– todo lo que pueda tener algún significado para nosotros.

No se sorprendan si notan con los animales lo siguiente:

- Una mascota que parece que estuviera viendo algo o a alguien que no está ahí.

- Un perro ladrando o un gato maullando sin motivo aparente, o cualquier otro animal haciendo ruido.

- Una mascota hurgando en el lugar favorito de un ser querido, como una silla, un cuarto, etcétera.

- Una mascota que fija la vista en una fotografía o que observa una pared por un momento sin razón alguna.

- Cualquier animal que parezca salir de la nada y llame su atención.

Tarea

Si tienen mascotas, pongan atención y observen cuándo comenzaron a actuar en forma extraña o inusual. Tomen nota de si esto ocurre durante la misma hora del día o en un cierto lugar de un cuarto o fuera de él. También, si no tienen una mascota, observen a otros animales que parezcan seguirlos sin ninguna razón.

Los animales son muy sensibles y por lo general no les importa ayudar a hacer una conexión entre nosotros y nuestro ser querido.

Creatividad

Todo lo que haga creativamente, ya sea en escritura, música, dibujo, cocina, jardinería, etc., también incluye conectarse con los seres queridos en espíritu.

Cuando alguien está en el modo creativo, es también otra forma de meditar. Apuesto que aquellos que son creativos encuentran que pueden parar el resto del mundo mientras hacen algo creativo. Estar en este estado es un excelente momento para conectarse con el otro lado.

Pintar paisajes era una forma de relajarse para Sandra. Después de una semana difícil y agitada, sólo esperaba el momento de poder alejarse del estrés pintando hermosos paisajes. Sandra siempre pensó lo sorprendentemente rápido que pasaba el tiempo mientras hacía que un lienzo blanco tomara vida con los colores y formas de sus alrededores.

Un triste y lluvioso día en que Sandra no pudo salir y pintar debido a las inclemencias del tiempo, decidió crear una escena en su mente. Se sentó y pensó en la posibilidad de pintar un paisaje o una playa, pero de repente sintió la necesidad de pintar una granja.

Ella nunca había pintado antes una granja, así que se dijo: "¿y por qué no?"

Pincelada tras pincelada, la imagen de la granja que tenía en mente se volvió realidad sobre el lienzo. La granja consistía en un establo, por supuesto, con ganado y lo que ella pensó era un tipo de hacienda que tenía dos entradas principales.

Cuando casi terminaba su pintura, tocaron a su puerta. Era su madre que había ido a visitarla. Su madre siempre apoyaba mucho el arte de Sandra y ella le pidió que viera su más reciente trabajo. Sandra llevó a su madre a donde estaba el lienzo y se sorprendió de la expresión de su madre. Sandra le preguntó si no le había gustado y ella vio a Sandra con asombro y le preguntó por qué había pintado *esa casa*. Sandra respondió que no sabía, que sólo surgió de su mente. La madre de Sandra explicó con emoción que la casa que había pintado era en donde vivió de niña, pero que ya no existía y era imposible que Sandra la hubiera conocido, puesto que no había fotografías de dicha casa.

Al ser creativo, no se sorprendan si notan lo siguiente:

- La sensación de que alguien está junto a ustedes.

- Ideas que llegan de la nada cuando las necesitamos.

- Tener varias formas creativas de resolver su trabajo.

- Ver el trabajo terminado y saber que otros les ayudaron porque posiblemente no pudieron haberlo hecho ustedes mismos.

Tarea

Ésta es una conexión que llega cuando estamos en el modo creativo. Al estar en este estado, no intenten conectarse de manera intensa, permitan a sus seres queridos en espíritu darles ideas o direcciones hacia dónde debe ir su proyecto.

Asegúrense de que quienes los están ayudando son también creativos, pues no pueden saber con qué pueden terminar.

Música

La música es excelente forma para conectarse con un ser querido en espíritu y hay varias maneras en que esto puede ocurrir. Una forma muy común es cuando nos encontramos tarareando una canción sin razón alguna, pero que cuando nos damos cuenta, recordamos que era una canción que significaba algo para nuestro ser querido, o posiblemente para ambos. En realidad no habrá razón para que estén tarareando esa canción, pero lo hicimos ¿por qué?

Sólo con escuchar pensamientos y palabras de un ser querido en espíritu pueden también darnos pensamientos de música.

Otra forma en que un espíritu utiliza la música es provocando, de una manera u otra, que escuchemos una canción que tiene un significado para nosotros. Esto puede ser a través de la radio, televisión o cualquier aparato que sea audible. Seguro se deben estar preguntando ¿cómo puede ser? Bien, no es en realidad tan difícil que suceda. Muchas veces cuando vamos en el coche y de repente sentimos la necesidad de prender el radio y ocurre que están tocando una canción que nos recuerda a alguien. ¿La persona del radio sabía que estábamos escuchando en ese momento y decidió tocarla para nosotros? Claro que no, pero su ser querido sí, pues aquellos en espíritu saben cuándo deben tocar una canción en particular, también nos inspiran con el pensamiento para encender el radio en el momento justo en que la debemos escuchar y al escucharla haremos una conexión entre ellos y nosotros.

En una ocasión conocí a un hombre llamado Olen. La esposa de Olen, Patricia, había muerto por complicaciones quirúrgicas y él quería saber si ella estaba bien. Patricia se conectó conmigo y le aseguró que estaba bien. En perfecto estado de salud. Patricia le dio a Olen confirmaciones de cosas que había estado viendo y haciendo con él desde que murió. Durante la lectura, le pregunté a Olen si había descubierto la señal musical que ella le había dejado. Él pensó por un momento, pero no recordó nada. Patricia me pidió que le dijera que fue ella quien lo impulsó a cargar gasolina.

Yo no tenía idea de lo que significaba o cómo eso se conectaba con la música, cuando de repente Olen mostro una gran sonrisa en su rostro. Camino a su sesión, como era temprano, Olen decidió que tenía tiempo para ir a cargar gasolina. Cuando estaba parado junto a la bomba, escuchó la canción *Don't Worry, Be Happy* (*No te preocupes, sé feliz*). Él odiaba esa canción, pero el escucharla le recordó a Patricia y la forma en que ella solía molestarlo con dicha canción.

Y aún lo hace.

Al hacer una conexión con música, no se sorprendan si notan lo siguiente:

- Al encender el radio, una canción en especial se está escuchando.

- Sin razón alguna una canción está en tu cabeza y trae recuerdos de algún ser querido.

- Alguien que está contigo empieza a tararear o cantar una melodía que dice se le vino de repente a la mente.

Tarea

Al ir manejando y antes de encender el radio, pregunten a un ser querido en espíritu qué canción estará sonando o cuál será la próxima que van a escuchar. No le digan lo que ustedes quieran escuchar, permítanles decirles cuál será y escuchen la primera respuesta que llegue a ustedes.

Mientras más lo hagan, más se podrán conectar con un ser querido en espíritu por medio de la música.

Naturaleza

Así como un espíritu puede conectarse con nuestras energías humanas, pueden también conectarse con la naturaleza. Es un hecho conocido el que todas las cosas vivas en la Tierra tienen una fuerza vital. Desde una hoja cualquiera hasta el árbol más alto, todo tiene energía y, de alguna forma, un alma.

Después de la muerte de su madre, Elizabeth tenía la tarea de poner los asuntos de su madre en orden. La muerte de Jane no la tomó por sorpresa en lo absoluto, pues ella había padecido cáncer, y Elizabeth sentía que era una bendición el que su madre estuviera ahora con su padre.

Mientras decidía qué hacer con todo, Elizabeth notó una pequeña hiedra que le había dado a su madre antes de que ingresara al hospital y se había secado por falta de agua. Sin pensar en eso, Elizabeth la puso a un lado y continuó empacando las pertenencias de su madre.

Casi una semana después, Elizabeth había limpiado casi toda la casa de su madre. Mientras iba cuarto por cuarto asegurándose de que todo estuviera vacío, Elizabeth se conmocionó. Detrás de una puerta en donde había dejado la planta seca, ahora estaba completamente viva, floreciendo como si la hubieran regado todo el tiempo.

La madre de Elizabeth todavía cuidaba de las plantas, aun en el cielo.

Con la naturaleza, no se sorprendan si notan lo siguiente:

• Las flores o plantas crecen rápidamente.

• Al cortar flores permanecen frescas por más tiempo de lo normal.

• Algo que tiene un aroma más fuerte de lo normal.

Tarea

Pidan a sus seres queridos en espíritu que les den una señal exacta utilizando la naturaleza. Si tienen una planta favorita, flor o arbustos, pídanles que les den una señal con ellos. La clave es darse cuenta de cualquier cosa inusual o fuera de lo ordinario.

Sonidos

Los ruidos inexplicables; suena aterrador, ¿cierto? Lo pueden ser si no sabemos de dónde vienen. Una vez que entendemos cómo nuestros seres queridos en espíritu utilizan los sonidos, éstos se vuelven reconfortantes.

En ocasiones es mucho más fácil para un espíritu hacer un sonido con algo en lugar de otros tipos de conexiones. Estos sonidos en realidad no vienen de los espíritus, sino que serán producidos por ellos con algo que se encuentre en nuestro hogar.

Tuve una lectura en donde me conecté con un hombre llamado Mark. El hermano de Mark, James, estaba sentado enfrente de mí mientras yo le daba confirmaciones de parte de Mark. James entendió todo lo que le decía y estaba muy emocionado. Durante la lectura, James preguntó por qué él no había tenido sus propias conexiones con Mark. Me senté ahí y esperé a que Mark respondiera y cuando lo hizo, me pidió que dijera a James que se había estado conectando con él, pero James no se dio cuenta. James preguntó cómo Mark lo había hecho y éste comenzó a reír y contestó: "¿Quién demonios más pudo haber subido y bajado las escaleras a mitad de la noche?" James estaba feliz a la vez que conmocionado, pues había escuchado el crujir de sus pasos, pero lo tomó como ruidos normales de la casa. Mark le dijo a James que de cualquier forma ése no era el caso y que seguiría escuchándolo, pues francamente le gustaba hacerlo.

Los sonidos típicos que podríamos escuchar son:

- La madera del piso que cruje.

- El sonido de puertas y ventanas que se azotan.

- Ruidos sordos en las paredes, techos y pisos.

- Pasos cuando nadie está caminando.

Tarea

Dense cuenta y sigan la pista de cualquier sonido o ruido que comiencen a oír en su casa. Vean si estos sonidos se repiten y con qué frecuencia; también sigan la pista para ver si estos sonidos llegan cuando están pensando en sus seres queridos en espíritu. Aunque tal vez no escuchen un *buuu* de ellos, les aseguro que escucharán algo.

Sabores

Piensen por un momento en su comida favorita. Sea lo que fuere, cierren sus ojos e imagínenla justo enfrente de ustedes. Mientras la imaginan, casi la pueden probar, ¿cierto? Pero la comida en realidad no está enfrente de ustedes, así que ¿cómo pueden casi probarla? Es porque la esencia de su sabor está en nuestros sentidos y el sabor es otro sentido con el que un espíritu se puede conectar.

Kel no era de ninguna forma un experto cocinero, pero le gustaba experimentar en la cocina de vez en cuando. Mientras recordaba a su padre, un día, un platillo que su madre solía preparar surgió en la conversación, era un platillo del que ya se había olvidado.

En realidad no había un nombre en especial para esta receta, ellos sólo lo llamaban "sorpresa de Bolonia". Su padre dijo que cuando era niño, Kel solía pedir a su madre que le cocinara para él todo el tiempo. Aunque Kel había olvidado por completo la sorpresa de Bolonia, decidió intentar prepararla, por los viejos tiempos. Al entrar a la cocina, colocó un poco de salsa boloñesa en la cacerola, le agregó queso y puso un poco de salsa de tomate junto con un poco de esto y un poco de lo otro. Y ahí estaba, la sorpresa de Bolonia, justo como la recordaba, o eso pensaba. Cuando Kel se sentó a comerla, algo estaba mal, no era lo que él recordaba. Se veía igual, pero no tenía el mismo sabor que Kel recordaba.

La mañana siguiente, mientras Kel despertaba, notó un extraño sabor en su boca. No estaba seguro de lo que era, peor en realidad, sabía como ajo. Pero no podía ser, pues Kel se había cepillado los dientes en la noche y además, no había comido nada con ajo el día anterior. Pero Kel conocía el sabor del ajo que por cierto le encantaba. Así que sin pensar en ello, continuó y comenzó su día. Al pasar por la cocina fue como si una tonelada de ladrillos lo golpeara. ¡Ajo! Esto era lo que le había faltado a la sorpresa de Bolonia; había olvidado que su madre siempre le ponía ajo, pues nunca se aburría de él.

Kel pudo haber olvidado la receta, pero su madre no y que mejor forma de hacerle recordar a alguien el ajo que por medio del sabor.

Con el sabor, no se sorprendan si notan lo siguiente:

• Un sabor en la boca sin ninguna razón.

- Si están de compras en una tienda de abarrotes y tienen el sabor de algo que necesitan comprar.
- No tienen hambre pero de repente apetecen o tienen el sabor de algo.

Tarea

Esto es algo que tienen que percibir cuando ocurra. Si por ninguna razón aparente comienzan a notar un sabor que les recuerda una comida que los conecte con alguien, es esa persona que en realidad se está conectando con ustedes.

Con este tipo de conexión, sólo esperen que sus seres queridos en espíritu ¡son buenos cocineros!

Voz

¿Pueden los espíritus hablar con nosotros? Sí. De nuevo, ésta es una conexión que mucha gente atribuye a su imaginación. Este tipo de conexión es similar a la que se tiene con los pensamientos, pero en lugar de ellos, en realidad se pueden escuchar sus voces en lugar de las nuestras. Cuando los espíritus se comunican de esta forma, están utilizando nuestro oído interno, el que usamos cuando hablamos con nosotros mismos.

Nosotros nos podemos sentar y tener una conversación con nosotros mismos y no pensar dos veces en eso, pero si comenzamos a escuchar la voz de un ser querido dentro de nuestra cabeza, podemos sentir que es tal vez un pensamiento deseando que estén con nosotros. Si la mayoría de la gente escuchara lo que un ser querido tiene que decir, se darían cuenta de que no es un pensamiento.

Donald estaba manejando a casa una tarde después de un duro día de trabajo y, como siempre, no tenía ninguna prisa por llegar. Desde la muerte de su esposa Georgia un año antes, por lo general él tomaba el camino largo a casa y recordaba ciertos sitios que él y su esposa visitaban con frecuencia. Al manejar por esos lugares, Donald sentía con frecuencia el espíritu de Georgia con él, como si aún estuviera sentada a su lado en el coche.

Esa tarde en particular, Donald tuvo la necesidad de detenerse y descansar en uno de esos sitios. Mientras se sentaba, como siempre, comenzó a pensar en las conversaciones del pasado que había compartido con su esposa, pero algo inusual sucedió; Donald comenzó a escuchar una conversación, pero una que parecía tomar lugar en ese momento, como si Georgia estuviera en realidad hablando con él. Él la escuchaba decir que no ignorara el dolor que había sentido en su brazo ese día y que fuera de inmediato al hospital. Donald no estaba seguro de por qué había recordado esa conversación, pues de hecho nunca había ocurrido. El asunto fue que un dolor la había molestado durante todo el día. El tono en que escuchó la voz de Georgia fue una determinación y lo escuchó sólo cuando Georgia era firme en algo. Él sentía que debía escuchar ese mensaje y ver si había algo en esa presión que estaba sintiendo en su brazo y tomó la decisión correcta, pues varias arterias de su corazón estaban bloqueadas, y en ese mismo instante necesitaba que las limpiaran. Con el debido cuidado, Donald superó el malestar de su corazón. También supo que fue su esposa quien lo hizo ir al hospital, que ella aún estaba cuidando de él.

Con una conexión por medio de la voz, no se sorprendan si notan lo siguiente:

- ¿Escuchan algo acerca de ustedes mismos?

- ¿Escuchan alguna información acerca de alguien más?

- ¿Están pensando en esa persona y al momento escuchan su voz?

- La voz es audiblemente diferente de la nuestra.

Tarea

Cuando sientan que pueden escuchar a sus seres queridos, nunca culpen a su imaginación. Pueden escuchar palabras esporádicas o inclusive frases, pero pongan atención a todo.

🌿

Al entender cómo los seres queridos en espíritu se han estado conectando con nosotros, nos daremos cuenta de muchas cosas. Si cualquiera de estas conexiones los hacen sentir incómodos, simplemente digan a sus seres queridos que no lo hagan, siempre es nuestra elección.

Al reconocer cualquiera o todas estas conexiones, podremos continuar nuestra relación con nuestros seres queridos que están en el otro lado.

20

Meditación

En el pasado, la meditación era percibida como un tipo de "escape" o algo "atrevido". Para nada es el caso, todos y cada uno de nosotros podemos meditar, no importa en qué camino de la vida estamos o del tiempo que dispongamos.

¿Sabían que meditamos en ocasiones sin siquiera darnos cuenta?

Yo recuerdo que cuando era niño me recostaba en el patio por horas al tiempo que veía las nubes pasar. Mientras estaba ahí, me encantaba imaginar las formas que hacían las nubes y cómo cambiaban en algo diferente.

En ese momento estaba en realidad meditando, aunque no lo sabía.

Algunas actividades que hacemos todos los días que involucran la meditación y de las cuales tal vez no estamos conscientes pueden ser:

- Manejar un coche.

- Escuchar música.

- Observar la naturaleza.

- Leer.

- Tomar un baño relajante.

- Pintar.

- Escribir.

- Hacer ejercicio.

Las lista podría continuar y tal vez se pregunten "¿cómo puedo estar meditando mientras hago cualquiera de esas actividades?", fácil. Mientras nuestra mente está concentrada en diferentes actividades, el subconsciente lo permite.

Si meditamos con la mente completamente abierta, quizá sea uno de los más grandes regalos que nos podríamos dar a nosotros mismos, pues meditar nos permite alejar todo el estrés y angustias de la vida diaria mientras activamos la energía de la mente y el cuerpo.

También puede ayudar a conectarnos con nuestros seres queridos en el otro lado.

Ya sé que seguro dirán que han intentado meditar, pero no pueden dejar de tener pensamientos que llegan mientras nos estamos relajando. Eso está bien, nos pasa a todos, pero los podemos dejar pasar. La clave a recordar es: mientras más practiquemos la meditación, mejores seremos y más beneficios recibiremos de ella.

🌿

En los siguientes capítulos voy a describir un par de meditaciones que pueden intentar. Aunque se usan para diferentes propósitos, ambas trabajan con energías que rodean nuestro cuerpo. Puedo prometerles que una vez que aprendan cómo trabajar con estas energías, se asombrarán de los resultados que obtendrán.

Éstos son algunos métodos antes de que comiencen:

1. Se puede meditar tan seguido como queramos, pero cantidad no necesariamente significa calidad.

2. Intenten encontrar un tiempo de calma para meditar, pues tener a los niños jugando en la casa o al perro arañando la puerta para salir, significa NO poder meditar. Sólo asegúrense de que cuando lo hagan, no serán interrumpidos.

3. ¡Descuelguen el teléfono!

4. Encuentren un lugar agradable y cómodo para meditar. Si tienen una silla favorita, genial. No se tienen que sentar en el piso a menos de que así lo quieran.

5. Utilicen ropa cómoda. Mientras meditan, nunca querrán que su mente se distraiga por traer la ropa apretada.

6. Al comenzar, asegúrense que su espalda está recta, sus pies están bien postrados sobre el piso y sus manos están sobre su regazo. A mucha gente le gusta tener sus palmas hacia arriba, pero pueden hacer lo que les resulte más cómodo. Si esto significa sentarse sobre el piso con sus piernas cruzadas, adelante.

La respiración es muy importante durante la meditación; sé que pueden respirar porque lo están haciendo al leer esto. Respirar limpia y energiza el cuerpo, mantiene la vida y purifica al sacar todas las toxinas.

Éstas son unas formas disciplinadas en que se puede respirar al entrar en un estado de meditación:

1. Cierren sus ojos y comiencen inhalando profundamente por la nariz y cuenten hasta cuatro.

2. Una vez así, detengan la respiración contando igual, hasta cuatro.

3. Una vez hecho esto, exhalen por la boca contando hasta seis (asegúrense de que cuando exhalan sacan de los pulmones todo el aire que sea posible).

4. Repitan cada uno de los pasos anteriores de seis a ocho veces.

5. Asegúrense de que no respiran de forma apresurada. Tómense su tiempo; si se sienten un poco mareados, deténganse hasta ese punto.

21

Meditación magnética

¿*A*lguna vez han sentido que dejan a alguien que aún está con ustedes?

Esto es porque es así; como todos somos primero espíritus, tendemos a tomar y recoger la energía de la gente, lo cual no se puede ver, pero de verdad se puede sentir. Por supuesto que algunos lo hacemos más que otros, dependiendo de cuán sensitivos seamos. La primera meditación es una que yo le llamo "la meditación magnética" y está diseñada par hacer dos cosas:

1. Soltar cualquier energía que no nos pertenezca.

2. Recuperar y restaurar todas las energías que nos pertenezcan.

Voy a sugerir que lean bien los siguientes pasos antes de familiarizarse con lo que van a hacer.

Paso 1:

Hagan todo lo que está escrito después del paso 1.

Paso 2:

Coloquen bien sus pies sobre el piso, las manos descansando sobre sus muslos y cierren sus ojos (por supuesto tienen que abrirlos y cerrarlos después de leer cada paso).

Paso 3:

Hagan el ejercicio de respiración del capítulo 20 (p. 236), quiero que imaginen una luz blanca brillante sobre su cabeza. Mientras respiran, imaginen y sientan que esta luz los rodea y entra en ustedes por la coronilla. Con cada respiro pueden sentir cómo se incrementa la energía. Su cuerpo comienza a llenarse de energía positiva y amor. Ahora, tomen unos momentos sólo para sentir y disfrutar estos cambios que están ocurriendo.

Paso 4:

Mientras estamos rodeados de esta maravillosa luz blanca, imaginen un imán gigante sobre su cabeza.

Paso 5:

Tan pronto como sientan que el imán está colocado, concéntrense en cómo comienza a quitar todas las energías que no son suyas. Piensen en la gente con la que han tenido contacto recientemente y hagan que el imán quite todas sus energías y envíenlas de regreso a ellos con amor (tal vez sientan un hormigueo en este punto, pues es porque esta energía está siendo expulsada de su cuerpo). Sientan que toda la energía estresante está siendo expulsada desde sus pies, piernas, brazos, espalda, hombros; de todo el cuerpo.

Hagan esto por aproximadamente dos minutos y dejen que el imán haga el trabajo.

Paso 6:

Una vez hecho lo anterior, hagan desaparecer el imán. Luego imaginen una luz cálida y dorada que llega desde arriba y hagan que penetre por su cabeza. Mientras hacen esto, comiencen a sentir que baja desde su cabeza hasta el área de su pecho y luego, como una cascada cae hacia sus brazos y estómago. Luego fluye por sus muslos y piernas y entra a sus pies. Hormiguea y se siente ligero. Se sienten renovados. Ésta es la energía que regresa a ustedes, viniendo de donde la pudieron haber dejado, ya sea de los lugares que visitaron o de la gente con quien pudieron haber estado en contacto, procuren que toda esta energía se vuelva parte de ustedes. Luego, la luz comienza a regresar por el cuerpo. Mientras alcanza la coronilla de nuevo, imaginen la luz dorada fluyendo y cayendo como cascada alrededor de todo el cuerpo. Se sienten con mucha energía mientras ocurre esto, pero la mayoría de ustedes se sienten completos de nuevo, frescos otra vez.

Realicen este paso por aproximadamente dos o tres minutos y una vez que lo hayan completado, vean lo diferente que se sienten. Muy probablemente se sentirán más ligeros y les apuesto que tendrán una sonrisa en su rostro ¡Buen trabajo!

🎵

Les sugiero hacer esta meditación después de un día estresante o después de haber estado en contacto con alguien que los hizo sentir tensos por cualquier razón. Les prometo que mientras más lo realicen, más recibirán sus beneficios.

22

La meditación del jardín

La siguiente meditación está diseñada para ayudar a abrir los chakras y conectarse con los espíritus. Tal vez se pregunten qué son los chakras, pues bien, son puntos de energía que corren desde la base de la espina hasta la coronilla. Abrir estos puntos les permitirá ser más intuitivos consigo mismos y con aquellos que están en el *otro lado*.

Una buena idea sería leer la siguiente meditación en voz alta mientras se graban. Yo sugeriría poner algo de música suave de fondo para ayudar a crear el ambiente. Después de haberse grabado, podrán usar esta meditación una y otra vez para abrirse y conectarse con sus seres queridos en espíritu que están a su alrededor.

Ahora comencemos este hermoso viaje a la meditación.

Imagínense caminando por un frondoso y fragante jardín que esté lleno de paz y quietud. El viento es tibio y amable y les roza mientras escuchan los pajarillos cantando en los árboles que están a su alrededor. Al verlo y darse cuenta de lo hermoso que es todo eso, ven un camino justo adelante de ustedes. Mientras comienzan a avanzar por ese camino, se encuentran con un encantador rosal y el aire se llena de su dulce aroma mientras toman uno de sus botones. Observen que ese botón está comenzando a abrir y se dan cuenta de que es del color más rojo que habían visto, como si todos los rubíes del mundo se hubieran condensado en esta rosa. Mientras respiran su perfume, el color, luminoso, rodea nuestro cuerpo. Al bajar la rosa volteamos y observamos una mesa con platos de cristal en ella. Nos acercamos hacia ella, llama nuestra atención un tazón resplandeciente lleno de jugosas, brillantes y enormes naranjas. Mientras su mano toma una de esas naranjas, observan que tiene el color del sol: brilloso y reluciente. Mientras comienzan a fijar la vista en su vibrante color, sienten cómo su luminosidad los envuelve como si fuera una cálida manta. Al pelar y probar la naranja, ven que su néctar, que es puro, dulce y delicioso, pasa por nuestra garganta.

Al terminar la naranja ven que en el piso junto a la mesa hay unos pequeños y hermosos narcisos moviéndose con el viento. Su color amarillo es como las gotas de limón y se mueven al compás del viento, casi como si bailaran al son de la música. Los pétalos de esas joyas en miniatura tienen el color amarillo más intenso que nunca antes han visto. El color se suaviza a un amarillo hermoso hacia el centro de cada flor, mientras alcanzan el tibio brillo del sol. Cuando se agachan para ver más de cerca los narcisos, el concentrado color parece llegar hasta los pétalos y brilla sobre todo su cuerpo.

También observan que el pasto que hay alrededor de los narcisos está mezclado con tréboles y algunos matices de color verde. El pasto cubre todo el jardín y también las montañas que colindan, como una suave y verde cubierta, que uno puede pensar en rodar por las verdes colinas como si fuéramos niños de nuevo. Cada hoja sobre el pasto es de un verde distinto; unas son claras y otras más oscuras pero juntas forman un tapete de esmeraldas. Este exquisito color verde irradia del pasto rodeando todo su cuerpo.

Un pájaro vuela y se posa sobre una rama que está justo arriba de su cabeza. Es un pájaro azul de la felicidad y está entonando una canción tan encantadora que los ángeles quieren armonizar con él. Al verlo, se dan cuenta que esparce sus alas color zafiro hacia ustedes, como si les diera la bienvenida a su jardín y creen haber visto un destello en sus ojos, como si supiera un secreto. El hermoso colorido azul de este maravilloso pájaro, así como el del cielo, se acentúan por las esponjosas nubes blancas que flotan. Al observar a esta maravillosa criatura, su color azul intenso los rodea, envolviendo todo su cuerpo.

Bajan la vista y observan una cobija de color índigo debajo del árbol, mientras que una fresca brisa comienza a soplar suavemente y la cobija parece estar invitándolos a descansar mientras disfrutan la vista y los sonidos de este maravilloso lugar. Mientras están recostados sobre la cobija, pueden sentir la amenidad de este profundo color índigo, que envuelve su cuerpo mientras continúar viendo el cielo.

Al relajarse y ver alrededor en este maravilloso lugar, notarán una caja de color morado junto a ustedes. Casi brilla con la riqueza de su color real. También ven un listón de satín atado alrededor de la caja y deciden jalarlo para abrirla. Al jalar el listón, éste cae y la tapa de la caja se abre por la fuerza de una hermosa luz blanca que sale de ella, llenando todo el aire que hay a su alrededor. Es una luz brillante que centellea con resplandecientes chispas doradas y, conforme los rodea, sienten que su cuerpo entero vibra y los reanima.

(Hagan una pausa de unos cuantos minutos y experimenten la energía a su alrededor.)

Al mirar en la distancia en este espléndido lugar, notan que alguien se acerca. Ustedes sienten que esa persona está aquí para ayudarles y para guiarlos a través de su maravilloso viaje. Conforme se acerca esa persona, pueden comenzar a vislumbrar sus características, luego se sienta junto a ustedes reconociendo quién es; puede ser un ser querido o amigo que conocieron en esta vida. O tal vez es su guía, que ha venido a presentarse ante ustedes. Quienquiera que fuere, tomen los próximos cinco minutos para escuchar lo que les dice. El mensaje puede ser hablándoles o tal vez enviándoles pensamientos. De la forma en que lo reciban, confíen en él.

(Hagan una pausa de unos cuantos minutos y reciban el mensaje.)

Ahora que han hecho este viaje a su hermoso jardín de la meditación, es tiempo de irse. Agradezcan y amen a sus seres queridos y guías que han venido a verlos y a estar con ustedes. Pídanles que hagan con ustedes de nuevo este viaje y felices lo harán. Deséenles bien conforme empiezan a despedirse de su lugar especial. Observen una ligera nieve que empieza a caer cubriendo gentilmente todas las maravillosas vistas de su jardín. Sientan y vean cómo la nieve comienza a cubrir su lugar mientras se deleitan en el silencio y la paz del momento. Todos los colores brillantes que una vez vieron y sintieron están ahora reemplazados por completo con la blancura de esta hermosa nieve. Céntrense y dense cuenta que están ahora de regreso en el lugar en donde comenzaron su viaje y abran sus ojos.

Es glorioso estar de regreso. Lleven con ustedes todos los mensajes y sentimientos de amor que recibieron de su meditación. Ahora se sienten llenos de energía y renovados, sabiendo que su jardín les espera para la próxima vez con nuevos secretos que por ahora les aguardan.

Recuerden que pueden tener éxito la primera vez que hagan esta meditación o tal vez tome algunos intentos. Pero lo más importante es que nunca duden de la información que reciban.

También experimenten un poco. Pidan al espíritu que venga hacia ustedes que les dé alguna información acerca de alguien o algo con que se encontrarán pronto. Esta información será una enorme confirmación para mostrar que ahora están en el camino correcto.

Como pueden ver, meditar no es tan difícil como pensaron; en realidad no hay una forma correcta o equivocada de meditar, así como no hay una forma correcta o equivocada de ser creativo. Es sólo lo que es correcto para ustedes.

23

Buscando conexiones en otro lado

Hay muchas vías en las que la gente está interesada en conocer su futuro o quieren conectarse con un ser querido en el cielo. Yo quería romper con algo de las posibilidades más populares que existen y compartir con ustedes algunas de mis propias experiencias con ellas.

Buscando un médium

Obviamente, si están leyendo este libro es porque tienen algún interés en visitar o tal vez ya han visitado a un médium. Algunos de ustedes pueden haber tenido grandes experiencias, otros no tanto.

Espero que un día tengamos la oportunidad de conocernos, ya sea a través de una de mis demostraciones o por una lectura personal. Hasta que surja esa oportunidad, tal vez estén considerando visitar a otro médium, lo cual puede ser una maravillosa y sanadora experiencia, si saben buscar para escoger a uno.

Como con los cantantes o artistas, la gente puede tener diferentes estilos de usar el mismo don; esto incluye también a los mediums. Así como con cualquier don natural, hay diferentes estilos y grados para estas habilidades.

Cuando escogen un médium, ¿qué tipo de información esperan obtener?

- ¿Quieren que el médium se pueda conectar con sus seres queridos que han muerto?

- ¿Quieren que el médium sea capaz de de conectarse con sus espíritus guía?

- ¿Quieren que el médium pueda conectarse con alguien que conocieron en una vida pasada?

De nuevo, así como, digamos, los doctores, un médium puede tener diferentes habilidades.

Cuando estoy dando una lectura, me gusta conectarme personalmente con alguien que en realidad conocen, gente que está en su círculo, dígase miembros de la familia y amigos. No importa si un antiguo vecino puede venir para saludar. La razón por la que escojo hacer este tipo de lectura para la gente no es sólo para ayudarles a que se den cuenta de que sus seres queridos están aún vivos, sino también para confirmar que continúan siendo parte de su vida. Con esta información, el proceso curativo puede comenzar o continuar. La mayoría de la información que llega con este tipo de lectura puede dar gratificaciones instantáneas a la persona a quien le estoy haciendo la lectura.

Me siento muy afortunado de que generalmente me puedo conectar con el ser exacto en espíritu con el que una persona quiere hablar, pero muchos mediums no pueden hacerlo. Eso está bien; sin embargo, lo que podrían hacer es conectarse con alguien que ustedes conocen, y al hacerlo, escuchar la información que les pertenece.

Algunos ejemplos podrían ser:

• Información personal de ustedes.

• Información de otros miembros de la familia que aún están con vida.

• Hechos acerca del espíritu con el que están hablando.

• Rasgos del espíritu con el que están hablando.

• Eventos de la vida que han ocurrido o están ocurriéndoles, o a sus seres queridos o al espíritu con el que se están comunicando.

Sí, es agradable escuchar que sus seres queridos en espíritu están bien en el otro lado, por supuesto que lo están, ¡están en el cielo! Ustedes aún necesitan escuchar validaciones personales reales para saber si la información que están recibiendo es genuina, así como el médium.

Hacer que un médium se conecte con su espíritu guía es grandioso, pero ¿cómo saben que lo que les está diciendo es la verdad?

Una forma es confirmando lo que ya han recibido de su guía por medio de su meditación. De nuevo, cuando les están dando la información que ustedes ya saben, no sólo saben si el médium está haciendo una buena conexión, sino que ayuda a darse cuenta de que están haciendo lo mismo a través de sus meditaciones.

Si no están inclinados a meditar, pero les gustaría que un médium se conecte con su espíritu guía, el médium deberá ser capaz de recibir información de su guía que se refiere a su vida. De nuevo, hacer esto dará al lector más credibilidad respecto a lo que les está diciendo acerca de su espíritu guía, por lo general les darán algunos detalles acerca del periodo en que ambos vivieron, nombres, ocupación y/o sitios. Aunque puede que no hayan vivido una vida pasada con su espíritu guía, los miembros de la familia que han fallecido puedan tal vez ser capaces de compartir alguna información y como lo dije antes, mientras el médium les pueda decir más acerca de ustedes mismos, más válida hace la información acerca de su pasado.

🌷

Kathy, Carolyn (una amiga en común) y yo visitamos un médium que anunciaba que podía no sólo conectarse con nuestro espíritu guía, sino dibujarlo. Esto surgió por curiosidad, así que Carolyn decidió ser la voluntaria para ver qué podía hacer esta señora.

Entramos en un cuarto en donde la mujer hacía sus lecturas; era un poco más grande que un vestidor. Estaba decorado con bufandas de colores, exóticos objetos colgados en la pared y con olor a incienso. Esta señora era muy estrafalaria. No todos cabíamos en el cuarto, así que Kathy y yo decidimos esperar afuera, pero pudimos escuchar lo que estaba pasando.

Cuando Carolyn se sentó, lo primero que le dijo la mujer fue que no sólo había sido un antiguo mandatario de la Atlántida, sino también quien había ocasionado su destrucción. La lectora en verdad le dijo esto y estaba seria. Yo me pregunté a cuánta gente le había dicho la misma historia ese día. Es sorprendente cómo cierta gente puede decir que pueden hablarles de sus vidas pasadas, decir que fuimos reyes, reinas o algún tipo de miembro de la realeza. Es gracioso cómo nunca le dicen a la gente que fueron sirvientes o alguien que solía limpiar los excrementos de los camellos en las pirámides.

Cuando esta lectora llegó al punto de decirle a Carolyn que su guía era Superman, comenzamos a sacudir la cabeza. No sé qué era más aterrador, si el hecho de que la lectora dijera todas estas charlatanerías, o el hecho de que alguna gente en realidad lo creyera. Cuando llegó el tiempo de escuchar acerca de los miembros de la familia de Carolyn, la información fue muy general.

Cuando terminó la lectura, Carolyn preguntó cuál era el dibujo de su guía. La médium le dijo que no era necesario hacer un dibujo de alguien, pues serían sólo colores en un papel. Se le había olvidado dibujarlo para Carolyn, pero le dijo que se lo enviaría por correo. No hace falta decir que nunca lo hizo.

🍃

La mejor forma en que yo puedo ayudarles a escoger cualquier médium es simplemente sugiriéndoles que escuchen lo que dicen.

Escucharlos es la mejor publicidad que un médium profesional puede tener, mejor que cualquier cantidad de dinero que pueda gastar publicitando sus servicios, pues se corre la voz de la reputación del lector por medio de las experiencias que otros han tenido con él. Mi carrera como médium empezó con una persona que le dijo a otra y a otra y así sucesivamente. Si los psíquicos o mediums son buenos en lo que hacen, su reputación se extenderá. Y lo mismo ocurre con alguien que no es muy bueno; esto también se conocerá.

Otra forma de escoger un médium es viendo o escuchando demostraciones de sus habilidades a través de las lecturas, la televisión o el radio. Si un médium o psíquico tiene talento real, será evidente en público. Ustedes verán y escucharán de lo que en verdad es capaz de hacer esa persona. Algunas personas pueden asumir que cuando un médium o psíquico está en uno de esos programas, todo está montado, pero déjenme asegurarles que no es así. Con los programas de televisión u otros medios en los que he estado, no tengo idea ni quería saber a quién iba a hacerle la lectura. Esto siempre me da más credibilidad y a cualquier información que pueda recibir durante el programa. Cualquier programa respetable insistirá en este formato.

Éstos son sólo algunos ejemplos de lo que tal vez quieran buscar al contactar a un médium. Repito, cada médium tiene sus propias habilidades y niveles de destreza, junto con su estilo personal. Hagan su tarea cuando tengan que escoger al correcto. Como Kathy diría, "sólo usa uno de los mejores regalos que Dios te ha dado, el *sentido común*".

Psíquicos

¿Quién no quiere saber lo que su vida amorosa puede reservarle? O ¿cuándo ese bote al fin va a zarpar? Pero, ¿un psíquico en *realidad* les puede dar esta información?

Sí y no.

Primero, entiendan que hay una diferencia entre un psíquico y un médium.

Mientras que un médium se puede conectar con los espíritus que están en el otro lado y con su energía, un psíquico sólo puede sintonizarse con nuestras energías y al conectarse con ellas, pueden decirnos acerca de nuestro pasado, presente y también del futuro.

¿Esto significa que nuestro futuro ya está predestinado?

De nuevo, sí y no.

Todos tenemos ciertos caminos y situaciones que tenemos que experimentar en esta vida, pero siempre depende de nosotros el cómo lo hacemos y lo que ocurra mientras tanto. Una decisión que tomemos puede cambiar el curso o dirección de nuestra vida.

Un psíquico respetable nos puede ayudar dirigiéndonos en ciertos caminos que debemos seguir, pero siempre tendremos el control completo de hacia dónde va nuestra vida. De nuevo, un psíquico puede ser capaz de darnos confirmaciones reales acerca de nuestro pasado y con eso, sus predicciones del futuro serán más creíbles para nosotros.

Kathy y yo tuvimos una experiencia increíble con una psíquica hace muchos años. Su nombre era Brenda y era alguien de quien habíamos escuchado en una estación de radio local en Richmond, Virginia. Llamamos a la estación de radio esperando conseguir una lectura, pero la línea telefónica siempre estuvo ocupada. En el programa, la psíquica mencionó que también podía dar información a una persona acerca de quiénes eran y algunos eventos del futuro analizando su escritura. Kathy y yo pensamos que sería bueno intentarlo. Al siguiente día, le escribimos y le dimos muestras de nuestra escritura. No pasó mucho tiempo para que obtuviéramos una respuesta.

En nuestra lectura, mencionó unos cuantos rasgos de personalidad que ambos teníamos. A mí me mencionó que guardaba el dinero en mi bolsillo sin doblarlo y sí, era un hábito que tenía y aún lo tengo hoy en día.

Brenda dijo que Kathy amaba los artículos "muestra", lo que era y es cierto. Kathy disfruta conseguir cualquier tipo de producto que viene en tamaño pequeño, de muestra. También mencionó lo importante que era el arte para Kathy y que era una excelente retratista, lo cual es cierto.

Ahora, antes de que comiencen a enviarme cartas pidiendo que lean su escritura, deténganse. Este no es mi estilo, sino sólo un ejemplo de cómo algunos psíquicos tienen ciertos dones para recibir información de nosotros.

Líneas 01 900

En mi opinión, y es sólo mi opinión, yo me mantendría lejos de cualquiera de esos comerciales o publicidad que intentan seducirnos con lecturas de psíquicos o de tarot llamando a los números 01 900.

¿Por qué? Porque la mayoría de estas lecturas son simplemente para propósitos de entretenimiento. El problema es que el costo de dicho entretenimiento puede ser considerable.

Cuando llamas a un número 01 900, la compañía de teléfonos cobra por minuto. Aunque en la publicidad diga que los primeros minutos son gratis, lo único que hacen es tenerte más tiempo en el teléfono.

¿Algunos de estos lectores tienen esas habilidades?

En mi opinión, no.

Mucha de esta gente que ofrece lecturas por teléfono está leyendo sólo de una guía en respuesta a la pregunta que ustedes hagan. Le pueden decir a una persona por teléfono: "Estoy teniendo problemas con mi vida amorosa" y lo único que harán es buscar la hoja que tiene algo relacionado con información general acerca de su vida amorosa y dirán algo como "estás teniendo problemas con tu vida amorosa, pero no por mucho tiempo", o "esa persona no era lo suficientemente buena para ti". Éstas son respuestas simples a experiencias personales, en ocasiones difíciles, por las que puedan estar pasando.

También recuerden que la publicidad en televisión, radio o inclusive impresa es muy, muy costosa. ¿Ustedes creen que quienes tienen esta publicidad podrían permitirse darles una lectura entera gratis? Por supuesto que no. Es sorprendente lo rápido que pasan los minutos cuando están en el teléfono escuchando cosas buenas de ustedes mismos. Créanme, he escuchado historias de terror, pues he sabido que este tipo de "servicio" llega a costar muchísimo.

Así que la mayoría de quienes se anuncian son muy buenos manipulando a la gente para que se quede en el teléfono. Deben de tener mucho cuidado.

Lectura de manos

Tal vez han visto un letrero de neón afuera de alguna oficina que ofrece que pueden leer el futuro, la vida amorosa y todo lo que quieran.

¿Es real la lectura de manos?

Yo creo que hay una ciencia en ello, pero desafortunadamente muchos de esos lugares, que tal vez han visto en la calle, son sólo charlatanerías.

Hace muchos años, Kathy y yo, junto con algunos amigos, fuimos con un quiromante. Íbamos manejando y vimos un letrero, en él había dibujada una mano roja anunciando los servicios de Madam Ruby, así que decidimos detenernos. Madam Ruby no tenía una oficina, parecía trabajar en su casa. Mientras nos acercábamos a su puerta comenzamos a escuchar mucho ruido que provenía de la casa; no pudimos distinguir de qué se trataba, pero continuamos y tocamos el timbre. Después de unos cuantos minutos más de ruido y conmoción, una mujer atendió la puerta. Ahora quiero que usen de verdad su imaginación con las siguientes historias.

La mujer que abrió la puerta traía puesto un enorme vestido de noche de gasa azul, su cabello estaba con rizadores y usaba unas pantuflas. Sí, era algo digno de verse; estábamos sorprendidos, por decir lo mínimo. Cuando nos preguntó qué queríamos, vacilamos y le preguntamos si ella era Madam Ruby y algo sorprendente ocurrió.

¡De repente cambió su acento! ¡Deben estar bromeando!, dijo, "¿acaso quieren una lectura?", con un acento de Medio Oriente, pero aquí va lo mejor; mientras nos hablaba, sus dos niños casi desnudos y con la cara sucia, corrían y gritaban, fueron a la puerta y la tomaron de las piernas y, tan pronto como su acento regresó, se fue y comenzó a gritarles a los niños que se fueran.

"No, gracias", dijimos y corrimos de regreso al auto.

Después de haber recuperado la compostura, estábamos determinados a encontrar a otra persona. Pensamos que sabíamos en dónde había otro quiromante, así que manejamos hacia allá; era el mismo tipo de escenario, con un letrero afuera de una casa. De nuevo, tocamos la puerta y una mujer respondió. Por suerte, estaba vestida y no tenía niños alrededor, aunque también tenía acento ¿era real? Quién sabe, pero no llegó y se fue como la otra señora. Del grupo, Kathy y yo habíamos sido quienes escogimos que nos leyeran las manos. Me llevó a un cuarto aparte y nos sentamos frente a una mesa. Conforme examinó mi mano, me hizo una pregunta: "Si pudieras escoger un deseo, ¿cuál sería?"

Mi respuesta fue que deseaba la felicidad de mi familia y amigos.

Ella procedió a leer mi mano y a decir mi personalidad. Dijo que yo era del tipo pensativo, generoso y que mi futuro sería brillante. Pero lo extraño fue que, al final de la lectura, dijo que no podía decirle a nadie lo que me había dicho o no se volvería realidad.

Pensé que si iba a ser mi futuro, ¿cómo podría cambiar si lo comentaba con alguien más? Antes de tener la oportunidad de tomar a Kathy para que nos fuéramos, la mujer la abordó y se la llevó al cuarto de la lectura. Kathy estuvo con ella cerca de quince minutos, el mismo tiempo que le llevó para mi lectura y después de que terminó, regresamos al coche. Una vez ahí decidimos tomar el riesgo y comparar lo que nos dijo; le había dicho a Kathy muchas de las mismas cosas y también que no le dijera a nadie o no iba a volverse realidad. No fue difícil entender por qué nos hizo la pregunta acerca del deseo, pues sólo era para adivinar nuestra personalidad y luego decirnos cosas generales acerca de nosotros y al no comentarlo con nadie, no podríamos comparar lo que nos dijo y saber qué le había dicho a los demás muchas de las mismas cosas. Valió la pena una buena carcajada.

Desafortunadamente, he visto también historias en la televisión de cómo algunas de estas personas dicen a la gente que todo lo que ha estado saliendo mal en su vida es debido a que tienen una maldición sobre ellos, pero pagándoles más y cantando algunos conjuros absurdos, los liberarán de la maldición.

¡Por favor no crean esto! No sólo son charlatanes robándoles el dinero abusando de la depresión de la gente al decirles que tienen una maldición, sino que son unos completos ladrones que dañan la buena voluntad emocional de los demás.

Nunca entenderé cómo cierta gente puede hacer esto a otros, pero no me malinterpreten, hay algunos que en realidad tienen el talento para leer la mano.

Kathy y yo íbamos caminando en Venice Beach, en California era un día soleado. Si nunca han estado ahí, es diferente a cualquier playa que han visto antes. La atmósfera en esta playa del océano Pacífico puede casi compararse a un carnaval. Pueden pasear por la calle principal que está llena de tiendas, restaurantes, artistas, músicos y adivinos.

Mientras caminábamos por la calle notamos a un hombre a lo lejos, tenía un letrero que anunciaba que leía la mano. Kathy quiso hablar con él. Parecía un buen tipo, así que conversamos con él y Kathy decidió continuar y dejar que le leyera la mano.

Este hombre no tenía ningún acento y no hizo ninguna pregunta; después de unos cuantos minutos de examinar su mano, comenzó a decirle no sólo cosas acerca de su personalidad, sino hechos exactos que habían ocurrido recientemente en su vida, así como cosas del futuro.

A pesar de las experiencias anteriores, este hombre nos comprobó que existen algunos con el *don real* de leer la mano.

❦

De vez en cuando me veo teniendo que separarme de este tipo de lectores, como los que les mencioné, pues algunas personas podrían colocarme en el mismo grupo. Yo no tengo un letrero de neón, no tengo ningún acento (a menos de que tomen en cuenta mi acento sureño que sale de vez en cuando), ni hago que la cuenta telefónica de la gente aumente con un número 01 900. Esto no va conmigo ni con lo que soy.

Personalmente, yo me alejaría de esos que son más un espectáculo. Si alguien se parece al personaje de Whoopi Goldberg, "Oda Mae", en la película *Ghost, la sombra del amor*, viste algún tipo de bata suelta y larga, sentada en una mesa redonda decorada con lunas y estrellas, mejor que les dé algunos objetos para decorar.

Cuando hago una lectura para alguien, por lo general yo visto una sudadera y pantalones de mezclilla, pero si piensan que yo visto cómodamente, ¡deberían de ver cómo visten los espíritus!

Parte VII

Las últimas palabras

Para terminar quiero compartir con ustedes unas cuantas experiencias personales más que he tenido como médium espiritual. Algunas con las que me he reído, pero de la mayoría he aprendido. Todo ha sido un maravilloso viaje hasta ahora y sigo esperando lo que viene.

24

¿Que haces qué...?

"**A**sí que, Patrick, ¿a qué te dedicas?

Oh no, ahí vamos de nuevo; es lo que pienso cuando escucho esa pregunta.

Cuando la gente me pregunta esto, por alguna razón sé que se pueden imaginar qué tipo de comentarios recibo a mi respuesta.

Cuando le digo a la gente "soy un médium", la confusa respuesta común que sigue es:

"¿Que eres un QUÉ?"

La gente con frecuencia encuentra lo que hago muy interesante y tienen muchas preguntas, lo cual no es de sorprender. Es extraño que nunca nos demos cuenta cuántas veces preguntamos "a qué te dedicas", hasta que la respuesta es algo inusual.

Tanto si es para llenar formatos para la tarjeta de crédito o al conocer a alguien, sé que cuando le digo a la gente cuál es mi "trabajo", ya sea bueno o malo, voy a recibir algún tipo de comentario o reacción.

Mucha gente hoy en día está de alguna forma familiarizada con este tipo de trabajo, por lo que han visto o escuchado en los medios. Aunque aún existen algunos conceptos erróneos, ahora se entiende un poco mejor lo que es un médium, hay más tendencias y mejor aún, más aceptación. Una vez que alguien entiende que en realidad soy una persona normal con la habilidad de escuchar a los espíritus, la mayoría quedan fascinados con eso.

Una tarde fui de visita a casa de una amiga de nombre Doris a una carne asada; era uno de esos hermosos días de verano en que aunque hacía mucho calor, el viento soplaba. Doris tiene un patio sorprendente que está envuelto con flores de todo tipo. No sé qué olía mejor esa tarde, si la comida o el jardín.

Sabía que las cuatro personas que estábamos ahí éramos del mismo viejo grupo, excepto por Bill. Él era el nuevo vecino de Doris y fuimos el comité de bienvenida esa tarde. Él parecía ser un buen muchacho.

La comida estaba sobre la parrilla y olía delicioso. Alguien sugirió que jugáramos algo, pero decidimos posponerlo para la noche. Era una tarde de flojera y queríamos platicar y ponernos al corriente de los sucesos de la vida de los otros.

Mientras estábamos sentados, yo sentía a un espíritu queriendo conectarse y hablar conmigo. Yo no estaba "trabajando" en ese momento, pero en silencio le dije al espíritu que, si surgía la oportunidad, escucharía lo que tenía que decir.

Al sentirse más cómodo con nosotros, Bill preguntó a qué nos dedicábamos y cuando le dije que yo era un médium, ahí estaba, esa mirada vidriosa que aparece en los ojos de alguien cuando escuchan mi respuesta. "¿Un qué?" fueron las palabras confusas que dijo. "Yo veo gente muerta", le dije, sabía que esto haría que los otros se rieran y así fue. Primero pensó que estaba bromeando, pero Doris le aseguró que era cierto.

Bill dijo que nunca había tenido una experiencia con un médium y no creía en eso. En ese instante, sentí al mismo espíritu de regreso diciéndome que era tiempo. Supe entonces que el espíritu se relacionaba con Bill.

"De acuerdo Bill", dije. "Tal vez nunca habías tenido la oportunidad de tener una lectura. Por lo general no hago esto, pero si no te importa, hay un espíritu aquí que quiere comunicarse contigo."

Bill me miró sobresaltado. Aunque dudaba, los demás lo animaban.

"De acuerdo", dijo Bill. "Adelante"

Entonces comencé a enfocarme en el espíritu que estaba llegando.

"Bill, ¿tu papá murió? Hay un hombre aquí que está diciendo la palabra padre."

Bill dijo: "Sí, así es."

"Ahora me está diciendo que tomas medicinas", dije.

"Así es", respondió Bill mientras se sentaba, ansioso por escuchar más.

"Hubo un cambio en tus medicinas recientemente, ¿cierto?"

"Sí", Bill se veía confundido.

Es gracioso cómo alguien que no cree, de repente se abre para creer cuando la información es respecto a él. Continué.

"Necesitas revisarla para ver cómo reacciona con tu otra medicina, no la que te recetaron, debe ser una de hierbas, pues sigo viendo hierbas con esta pastilla."

"Estoy tomando ésas también", dijo Bill.

"Esto es lo que tu padre me está diciendo... pero necesitas dejar la de hierbas... dice que algo no está bien con la mezcla."

"Lo voy a checar", dijo Bill.

"Tu padre dice esto de forma determinante... 'me ha estado molestando toda la noche para que te dé esta información'."

"¡Eso suena como a papá!", Bill respondió feliz.

"Y por cierto, me está mostrando un pastel y te lo está dando, así que feliz cumpleaños."

Bill se mostró sorprendido de nuevo mientras su boca se abrió. Dijo que su cumpleaños era al día siguiente y no le había dicho a nadie. Nunca había experimentado algo como esto y era el tipo de persona que a menos de que le ocurriera a él, probablemente no lo creería.

Doris gritó que era tiempo de comer. Bill estrechó mi mano y me dijo que su papá había estado en su mente porque su cumpleaños era al día siguiente. Aunque esto era nuevo para Bill, estaba fascinado por lo que acababa de escuchar y ahora estaba más abierto a ello.

Bill supo más tarde que las hierbas que estaba tomando no se mezclaban con el medicamento que le habían recetado. Aunque no era una combinación mortal, pudo haber enfermado a Bill.

Creo que tengo una de las pocas profesiones en donde uno tiene que probarse a sí mismo. Si alguien dijera que es cantante, muy probablemente no le pedirían que lo probara cantando. Si dijera que es artista, no le pedirían que tomara una hoja de papel y dibujara.

Pero lo entiendo, pues sé que mi ocupación no está, por decirlo así, dentro de las normas.

Cuando le digo a la gente que me dedico a "hablar con los espíritus", no puede ponerme en una posición difícil en ocasiones, pero está bien. Si me dieran a elegir, ¡no querría decirles nada más!

25

Está en griego

Como hago lecturas para la gente alrededor del mundo, en ocasiones me preguntan si puedo conectarme y comunicarme con espíritus que no hablan una palabra de mi idioma. Por fortuna (y llámenlo una ventaja del cielo, si quieren), aquellos que están en el otro lado no están limitados por ningún tipo de barrera del idioma y pueden hablar cualquiera que deseen.

Ya que yo estoy limitado para hablar cualquier otro idioma, muchas veces un espíritu aprovecha esto.

Le hice una lectura a una familia que vivía en Grecia. Ellos querían contactar a su hijo Nick, que había muerto en un accidente automovilístico. Hablaban muy poco inglés y tuvieron que conseguir un intérprete en la línea para entender la información que les estaba transmitiendo. Durante la lectura, Nick me dijo que su hermano se había unido al resto de la familia para la sesión. Yo no tenía forma de saber esto, pues estaba a muchos kilómetros de distancia. Yo sólo transmití a la familia lo que escuchaba y ellos se mostraban divertidos, confirmando que su hijo había entrado al cuarto y se disculpaba por la tardanza.

"Nick me dice que es como su hermano que llega tarde aún para esto", dije.

Después de que el intérprete les transmitió este mensaje, pude escuchar a la familia riendo, como si este hecho fuera verdad.

Después de confirmar a su tardío hermano, Nick, quien quería que le transmitiera algo a él y no en inglés, sino en griego. (Es un reto entender las palabras de los espíritus en inglés, pero este amigo en realidad me estaba probando.) Yo escuché resueltamente y juntaba las sílabas que él decía; sentí que finalmente entendía lo que quería decir.

"Nick está diciendo algo como "ga–da–ros" a su hermano", le dije al intérprete.

"¿Gaidaros?", dijo.

"Sí", dije. "Gaidaros."

"¿Estás seguro de que está diciendo *eso*?", preguntó el intérprete.

"Sí", dije. "Está en griego para mí, pero espero que sea una palabra."

"Eso es", replicó.

"Grandioso, así que dile a su hermano que Nick le dice gaidaros", dije.

No sólo le estaba dando a esta familia muchas confirmaciones de su hijo, sino que también les estaba dando un mensaje en su lengua natal. Yo estaba orgulloso, por decir lo mínimo.

Pude escuchar al intérprete gritando la palabra griega al hermano, cuando de repente escuché una explosión de risas de toda la familia. Se estaban riendo tan fuerte y sin parar, que comencé a reír yo también aunque no sabía por qué.

"¿Qué es, qué pasa?", pregunté.

"Acabas de llamar "asno" a su hermano", dijo el intérprete.

"¿Que yo qué?", pregunté.

"Sí, eso es lo que significa 'gaidaros' en griego", respondió.

Hablar con un espíritu me puso en una situación peligrosa; sólo me senté y sacudí la cabeza.

"Bueno, estoy feliz de que la familia esté divertida, al menos", dije.

Ellos reconocieron que los hermanos podrían llamarse todo ese tiempo y éstas fueron las mejores confirmaciones que les pude haber dado.

Desde esa experiencia, digamos que soy un poco más aprensivo cuando un espíritu me pide que diga algo en otro idioma. Me gustaría saber cómo se dice 'apenado' en griego.

26

Mi tiempo

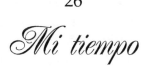

En la mayoría de las ocupaciones uno va a su lugar de trabajo, cumple con sus obligaciones y luego termina por ese día. Aunque esa rutina puede ser agradable, no es la forma de vida que funciona para mí.

La mayoría de lecturas que hago para la gente las realizo por medio de cita. Al tener una, no sólo estoy preparado para la lectura, sino que también sus seres queridos en el otro lado lo están.

Si piensan que los espíritus en el cielo siguen mis reglas, piénsenlo de nuevo

Muchas veces despierto a medianoche sabiendo que hay un espíritu o espíritus en el cuarto. Por lo general son seres queridos y amigos en espíritu de gente con la que tengo sesión al día siguiente. Por lo general les digo: "Ahora no, estoy intentando dormir", pero sé lo ansiosos que están y que sólo me están probando.

También hay ocasiones en que estoy fuera del trabajo con amigos. Durante estos momentos no soy Patrick Mathews el médium, sino sólo Patrick. Intenten decirle esto a sus seres queridos en el otro lado.

Natalie, una actriz amiga de Kathy, nos invitó junto con Jeff a conocer a su madre y amiga que estaba de visita en el pueblo. Natalie tenía que trabajar esa noche y sus visitantes estaban emocionados porque la vieron grabar un programa de televisión por primera vez. Después de que terminó, dimos a sus visitantes una vuelta por el estudio de la Warner Bros., era una hermosa noche y caminamos alrededor del estudio y parecía como si tuviéramos todo el lugar para nosotros. Después de la visita, decidimos ir a cenar.

Ya habíamos ordenado algunos aperitivos y todos estaban encantados por una historia de Hollywood que Natalie estaba contando, cuando el espíritu de un hombre llegó. En silencio le dije que ése era mi tiempo y que hablaría con él más tarde, lo cual no fue muy bueno, pues quería darme un mensaje. Recuerden que, mientras todo esto ocurría, yo tenía dos conversaciones, una con el espíritu, en silencio y la otra en voz alta con mis amigos y sus familiares. Este espíritu era tan persistente, que finalmente dije: "De acuerdo", pero lo dije en voz alta.

En ocasiones, en situaciones como ésta, es difícil recordar el abstenerse de hablar en voz alta con un espíritu y ésta fue una de esas ocasiones.

Natalie dejó de hablar y toda la mesa me miró porque era parte de su historia el que no se requería ningún comentario de nadie.

Yo sólo dije: "De acuerdo... es una gran historia... continúen."

Un rápido pensamiento de mi parte, si se puede decir.

Así que Natalie continuó con su historia y le pedí al espíritu, en silencio esta vez, que me dijera el mensaje. Me dijo que era el tío de Natalie, el hermano de su mamá. Me dio el nombre de Harold. Quería hacer saber a la familia que estaba bien y que los estaba cuidando. También quería que su hermana supiera que le estaba ayudando con su problema. Yo pregunté qué problema era ése y me dijo que uno que ella lidiaba. Luego me mostró una botella de licor y entendí lo que estaba diciendo. Le dije que le transmitiría el mensaje a Natalie y luego me agradeció por tomar tiempo de mi cena para escucharlo. Le pregunté en tono de broma si le importaba pagar la cuenta.

Es sorprendente lo rápido que se puede ir un espíritu.

Regresé de inmediato a la conversación. Recuerden; yo no podía transmitir de inmediato esta información, pues los visitantes no sabían que yo me comunicaba con los espíritus. Después de la cena, pregunté a Natalie si tenía un tío llamado Harold que ya había muerto. La respuesta fue sí. También le pregunté si él era alcohólico. De nuevo, la respuesta fue sí. Y luego le hice saber que vino a mí durante la cena y no podría irme hasta escuchar lo que tenía que decir. Su boca se abrió, yo nunca le había hecho una lectura, pero una tan corta como ésta, significó todo. Su madre había estado luchando contra su propia batalla con el alcohol y necesitaba escuchar que su hermano la estaba ayudando. Harold era el tipo de persona que nunca tomaría un "no" por respuesta, ella lo confirmó. Así que cena o no cena, ésta fue la oportunidad para transmitir el mensaje.

Así que pueden decir que en realidad llevo mi trabajo a donde quiera que voy.

¿Que si me importa? En lo absoluto.

Aunque en ocasiones me puede poner en posiciones realmente delicadas, le agradezco a Dios por esas ocasiones.

27

Hey, ¿no eres...?

Al crecer en un pequeño pueblo y ser parte de una familia muy grande siempre me conocían como un "Mathews". Conformada por cinco hermanos y una hermana, todos en el vecindario nos conocían y no podíamos pasar desapercibidos; ya fuera que intentara un "truco o treta" en la misma casa dos veces o tomara árboles de Navidad usados de los patios de los vecinos para construir un fuerte, siempre nos identificaban. Siempre escuchaba: "Hey, ¿no eres un Mathews?", o, "¿no eres tú el hermano de...?" No quiere decir que el ser reconocido como un Mathews fuera malo, sino que deja muy poco margen para la identidad individual, mas no tuve otra opción.

Cuando me mudé a California, sabía que los días de ser reconocido habían terminado.

Estaba equivocado.

Ahora, ya adulto, la gente suele pensar que yo me parezco al actor Alan Rickman. Alan es un actor muy respetado, ha actuado en películas como *Duro de matar*, con Bruce Willis, *Robin Hood* con Kevin Costner, y la serie de Harry Potter.

En Los Ángeles es común para la gente ver a estrellas de cine o familiares de las celebridades y cada vez que salía una película con Alan Rickman, siempre escuchaba; "Hey, ¿no eres ese chico?", o, "ya sabes, te pareces a ese actor que salió en..." si alguien fuera realmente bueno conociendo los nombre de los actores, se acercaría y me preguntaría si soy Alan Rickman o tengo algún parentesco con él.

¡Esto me pasa *todo el tiempo*!

Kathy y Jeff son testigos de estos episodios y ríen al hacerme burla con esto. Llegó al punto en que un par de ocasiones, cuando la gente pregunta, no respondo que no, sólo digo, "Sí, así es, era yo en...." o "sí, Alan es mi hermano mayor". Y, por supuesto, la gente se emociona al conocerme. Hey, los hice feliz, así que ¿por qué no? Había inclusive algunas ocasiones en que di algún autógrafo, claro, siempre recordando poner el nombre de Alan, no el mío.

Lo único que nunca he entendido es que Alan Rickman es británico –él tiene el acento en cada película que veo– y aun así la gente sigue pensando que soy él o un familiar.

Así que ahora estoy en Los Ángeles y no soy reconocido como un Mathews, sino como un Rickman.

Un día, mientras estaba de compras observé a una dama que no dejaba de observarme. Conforme recorría la tienda seguí sintiendo sus ojos detrás de mí. "Aquí vamos de nuevo", pensé mientras la señora caminaba hacia mí.

Cuando finalmente se me acercó, me dijo: "Perdón, pero usted me es muy familiar."

Esto es algo que he tenido que escuchar muchas, muchas veces antes. "Lo sé, lo sé", dije. "Me parezco al actor Alan Rickman."

Ella me miró y para mi sorpresa respondió: "No, no es a lo que... ¿no es usted quien puede hablar con los espíritus?"

Al escuchar esto no pude parar de reír.

Finalmente estoy siendo reconocido por mí mismo, *el chico que habla con los espíritus.*

Me gustaría saber si ahora detienen a Alan Rickman y le hacen la misma pregunta.

¿Famoso en el cielo?

Cuando Kathy y yo estamos dando una lectura pública, por lo general consiste en una discusión de un tema o persona en particular, relacionadas con algo de las lecturas que damos al público y también se responden preguntas que surgen durante el evento.

Es común para nosotros escuchar la misma pregunta, pues hay una curiosidad general acerca de lo que hago, cómo lo hago y cómo es la vida para quienes están del otro lado.

En una ocasión alguien del público me hizo una pregunta interesante, algo que nunca me habían cuestionado.

La pregunta era: "Desde que puedes conectarte con los espíritus, ¿eres 'famoso' en el cielo?"

Para serles honesto, comencé a reírme, ¡me quedé sin palabras!

Sé que los espíritus siempre están tan emocionados de conectarse con sus seres queridos como los que aún están vivos, pero ¿ellos "pasan la voz" acerca de mí en el cielo?

Mientras empezaba a responder la pregunta, de inmediato, una joven mujer levantó su mano y procedió a decirnos que estaba emocionada con la oportunidad de poder vernos a Kathy y a mí y que había estado esperando este momento desde hacía tiempo.

Continuó explicando que tenía la habilidad de la escritura automática. Esto es cuando una persona se abre a un espíritu y recibe sus mensajes por medio de la escritura. La noche anterior ella le había pedido a sus seres queridos en espíritu que vinieran y le dieran alguna guía por medio de los mensajes.

Mientras lo hacían, no sólo recibió información para ella, sino que hubo uno en particular que debía dármelo a mí.

Le pregunté cuál era ese mensaje y me contestó; "Patrick hace su trabajo con amor y eso se aprecia mucho aquí."

La audiencia aplaudió y yo le dije: "Qué cosa tan bella viniendo de quienes están en el otro lado." También pensé lo maravilloso que era para ella haber recibido una respuesta para mí a una pregunta que alguien iba a hacer esa noche. Éste fue sólo un gran ejemplo de lo sorprendente que es el que los espíritus no sólo se unan a nosotros, sino cómo se conectan entre ellos también.

Le agradecí por su mensaje y dije que llevaría sus palabras en el corazón.

Así que, ¿soy famoso en el cielo? Bien, pues eso creo, pero también puedo decirles que no soy el único... aquellos que tienen a Dios en su vida, son amables, cariñosos y ayudan a sus semejantes, son también famosos, eso se los puedo asegurar.

Impreso en Offset Libra

Francisco I. Madero 31

San Miguel Iztacalco,

México, D.F.